U0149291

簡明古代漢語教程

曹 煒 編著

文史哲出版社印行

國家圖書館出版品預行編目資料

簡明古代漢語教程/曹煒編著.-- 初版-- 臺北
市：文史哲,民 100.12
　頁; 公分
　ISBN 978-986-314-002-3（平裝）

1.漢語教學　2.教材

802. 03　　　　　　　　　　100027751

簡明古代漢語教程

編 著 者：曹　　　　　　　　　煒
出 版 者：文 史 哲 出 版 社
　　　　　http://www.lapen.com.tw
　　　　　e-mail：lapen@ms74.hinet.net
登記證字號：行政院新聞局版臺業字五三三七號
發 行 人：彭　　　正　　　雄
發 行 所：文 史 哲 出 版 社
印 刷 者：文 史 哲 出 版 社
　　　　　臺北市羅斯福路一段七十二巷四號
　　　　　郵政劃撥帳號：一六一八○一七五
　　　　　電話886-2-23511028・傳真886-2-23965656
定價新臺幣二八○元
中華民國一百年（2011）十二月初版

前　　言

　　古代漢語課程是國內高校中文系的一門主幹課程，該課程向中文系本科學生全面講授現代漢語的源頭 —— 古代漢語不同時期的語音系統、古代漢語（主要是文言文）的詞彙特點和語法現象以及古代漢字的基本知識，從而讓學生在學習了本課程之後，對古代漢語這種已經死亡了的語言的基本狀況有所瞭解，且能夠運用所學知識準確解釋各種古代語言現象，其解釋能力爲未學本課程學生之所不能及。

　　本教程系本人十多年前給大陸參加專科升本科全國統一考試的中學語文教師講授古代漢語課程時所形成的一個講稿。古代漢語課程曾經是本人大學階段最爲鍾愛的課程，蘇州大學已故的著名學者王邁先生的授課雖然沒有系統性 —— 這對絕大部分同學來說是極爲傷腦筋的事情 —— 但很有獨到見解，能發他人之所未發，這在上世紀八十年代初期是頗難能可貴的，對於我這麼一個事先已作了充分預習、看了許多文字學、音韻學、訓詁學、語法學書籍的人來說，倒是很受用，因爲他讓我懂得了不能迷信教材、衆說、成說和名家之說，一切立言均必須以語言事實本身爲依據。王邁先生是我迄今爲止見過的古代漢語專業功力最深的學者，一些所謂的國學大師與王先生相比功力差遠甚。

　　這部講稿的雛形曾作爲《漢語精講》的一部分於 2001 年由北

京大學出版社出版發行。本教程在此基礎上擴展而成。

　　其中第五章"訓詁要籍選讀"是專爲臺灣東吳大學學生設置的，因爲 2011 年 9 月 21 日始我給東吳大學本科階段的學生開設一門名爲"中國古代要籍選讀 —— 王念孫《讀書雜誌》選讀"的選修課程，原以爲選修之人會極少，沒想到竟然有近 60 人，據說，這在東吳中文系是不太常見的現象。王念孫是我極爲佩服及鍾愛的一位清代著名小學家，這是受了王邁先生的影響，因爲能入王先生法眼、被他稱道的人極少，王念孫就是一位。而且，我的本科畢業論文題目就是《王念孫〈讀書雜誌〉和漢語語法學》，當年由王邁先生和蔡鏡浩先生聯合指導，用的是王氏家刻本線裝書，做了將近一年才完成。1984 年蘇州大學首次在當年畢業的本科生中進行論文答辯試點，我的這篇論文就是被選中進行論文答辯的 6 篇論文之一，而且是唯一的一篇語言學論文。當時中文系還專門爲這 6 篇參與答辯的論文編了一個論文集油印供內部交流。如今，時隔 27 年後，在臺灣這塊比較重視傳統文化的土地上再來重溫王念孫和他的《讀書雜誌》，別有一番意義。當然，本章的設置也確實對古代小學典籍的閱讀不無幫助。

　　因爲是講稿，不同於學術著述，本書採用的基本上是一些已成定論或雖未成定論但也相對穩妥且較爲通行的觀點和說法。考慮到與時俱進的因素，一些章節也適當吸收了一些較新的學術觀點、科研成果。

　　這部講稿是在多年講授的基礎上不斷修訂、補充、調整、完善而形成的，具有較強的實用性，具體體現在以下幾個方面：

　　1.精：即在內容編排上重點、難點突出，闡述、分析簡明扼要，不枝不蔓。

　　2.巧：即在便於識記上下功夫，盡可能地利用圖表、符號，爲學習者提供迅速掌握有關知識點的技巧、方法，尤其是在那些比較枯燥、容易混淆的地方。

　　3.全：即知識點的覆蓋比較全面，本書用十多萬字的篇幅涵蓋了原本需用幾十萬字的篇幅才能容納得下的內容。

　　4.透：即講解比較透徹，往往能深入淺出，一針見血，雖寥寥數語，卻頗能切中要害。

　　5.練：即在每一講之後設計一套同步綜合練習。練習覆蓋該講的重點和難點，答案則基本上均在講解中。需要說明的是，判斷題不但要判斷對錯，還要說出做如此判斷的理由。同時，在全部四講結束之後，還配有兩套模擬試題，以供學生自測之用。

　　毋庸諱言，這部講稿由我一人編撰完成，其中必然存在疏漏和不妥之處。作者誠懇地歡迎廣大讀者提出改進意見，以便我們再版時修訂。

曹　煒　中華民國 100 年 10 月
于臺北東吳大學外雙溪校區德舍寓所

簡明古代漢語教程

目　　次

第一章　文　字

一、漢字的構造和六書理論

　　所謂漢字的構造，指的是漢字內部的構成方式，也就是我們通常所說的造字方法問題。關於漢字的構造，我國古代就有所謂"六書"的理論。

　　"六書"一說最早見於《周禮·地官，保氏》。關於"六書"的具體名目，見於西漢末劉歆的《七略》："古者八歲入小學，故周官保氏教養國子，教之六書，謂象形、象事、象意、象聲、轉注、假借，造字之本也。"以後，關於"六書"的理論就多了起來，東漢時，著名的有三家：班固、鄭眾和許慎。這三家在"六書"的具體名稱及次序上略有不同：

　　班固：象形、象事、象意、形聲、轉注、假借。

　　鄭眾：象形、會意、轉注、處事、假借、諧聲。

　　許慎：指事、象形、形聲、會意、轉注、假借。

　　唐宋以後，文字學家往往選取自己滿意的"六書"名稱和次序，各行其是。清代以後，人們的認識才逐漸趨向統一：採用許慎的名稱，班固的次序，即：象形、指事、會意、形聲、轉注、假借。

　　至於這六種名稱所蘊含的具體內容，班、鄭兩家的已無從得知，我們只能在《說文解字》裏看到許慎的解釋。

（一）象　形

"象形者，畫成其物，隨體詰詘，日月是也。"其意是說：象形是一種描摹物體的形狀，筆劃隨著物體的輪廓形狀而彎曲運行的一種造字法，典型的如"日、月"。

許慎的定義道出了象形字的特點：繪畫性，或叫圖畫性，即用字形摹寫勾勒客觀事物的特徵。除了許慎所舉的"日、月"外，又如"山、水、雨、人、牛、羊、鳥、手、目、木"等字均爲象形字。

（二）指　事

"指事者，視而可識，察而見意，上下是也。"其意是說：指事是一種初看上去就知道大致的意思，再仔細察看一下就會瞭解字的全部含義的造字法，典型的如"上、下"。

許慎定義也道出了指事字的特點：符號的指示性。這種指示性符號是字義之所在，需要細細地去發現、捕捉。除了"上、下"之外，還有如"二、三、本、末、朱、血、亦、刃、甘、寸"等。

（三）會　意

"會意者，比類合誼，以見指撝，武信是也。"其意是說：會意是一種把幾個表意符號並列在一處，匯合它們的意義，以表現一種合成的含義的造字法。典型的如"武、信"。許慎的定義也道出了會意字的兩個特徵：結構的複合性 —— 合體字，意義的生成性。除了許慎所引的"武、信"外，還有如"步、莫、初、牧、章、尖、劣、塵"等。

（四）形 聲

"形聲者，以事爲名，取譬相成，江河是也。"其意是說：形聲是一種根據這個字所表事物的類屬立一個名目，再取一個音同或音近字來比擬字的讀音的一種造字法，典型的如"江、河"。

許慎的定義道出了形聲字的兩個特徵：結構的複合性 —— 合體字，符號的表音性 —— 由會意字的幾個表意符號變爲形聲字的一個表意符號、一個表音符號的格局。漢字中形聲字的數量最多。

（五）轉 注

"轉注者，建類一首，同意相授，考老是也。"關於"轉注"的含義，後代的文字學家爭論最多。從宋初一直到現代，不斷有人著文提出自己的看法，這裏不能一一列舉。就其主流看，大致可以分爲三類：一是從字形著眼，認爲所謂"建類一首"是指《說文》的部首，《說文》每一部下說"凡某之屬皆從某"就是"同意相授"，"考"在"老"部，如清人江聲、夏炘；二是從字義著眼，認爲"類"即字義，《說文》中的互訓就是"相授"，"考，老也"，如清人戴震、段玉裁；三是從字音著眼，認爲"類"即聲類，"首"即語基，轉注就是字的孳乳現象，"考、老"音近，如近人章炳麟。據現代文字學家研究，比較合理的說法是："轉注"是由於語言中詞的孳乳分化，書面上的字也改變其部分形體，形成相應分化的現象。

（六）假　借

"假借者，本無其字，依聲托事，令長是也。"其意是說：語言中有某一個詞，但人們並沒造一個專字來代表它，而是依照聲音借一個同音字來寄託那個"本無其字"的詞的意義。這種現象被稱爲"無本字假借"。假借字的構形與它所表現的詞義毫無關聯，只是由於它們讀音相同，才被借來書寫另外一詞。例如："其"本指簸箕，假借來記寫代詞、助詞；"自"本指鼻子，假借來記寫代詞、介詞；"易"本指蜥蜴，假借來記寫"變易"的"易"；"族"本指箭頭，假借來記寫"族類"的"族"；"戚"本指一種大斧，假借來記寫"親戚"的"戚"等。

關於許慎所舉的兩個例字：令、長，今天的學者比較一致的意見是：舉例有誤，因爲"令"從"號令"義到"縣令"義，"長"從"年長者"之義到"官長"義，屬詞義的引申，是本義和引申義的關係，而不是本義與假借義的關係。

以上是有關許慎的六書理論。

關於許慎的六書，清人戴震提出了"四體二用"之說，即認爲六書中的前四書爲造字之法，後二書（轉注、假借）只是用字之法。此說一經提出，便得到多數學者認同。如今講造字法，一般只講象形、指事、會意、形聲四種。

二、四種造字法的造字原理

（一）象　形

象形造字法的造字原理是：用簡單的線條，將客觀事物的特徵簡單地勾勒下來，用來記錄語言中與該事物相應的詞。例如：

日，像太陽之形，表日。

月，像弦月之形，表月。

牛，像牛後視之形，表牛。

雨，像雨從天上落下之形，表雨。

象形造字法所產生的象形字，雖然具有圖畫性，但它和圖畫卻有著本質的區別。具體表現在：

1.圖畫是人們抒發情感的一種方式，追求的是美感，屬於藝術範疇；而象形字則是記錄語言的書寫符號之一種，追求的是準確、簡潔，屬於語言文字學範疇。

2.象形字有固定的讀音，而圖畫則沒有讀音，這是象形字與一切圖畫的最本質的區別。

（二）指　事

指事造字法的造字原理是：用點、畫一類象徵性符號（筆劃）來表現一些用象形的辦法難以表現的詞義。例如：

二，用兩條杠表示數字“二”。

三，用三條杠表示數字“三”。

上，用短的一畫表示在上面的方位，即“上”。

下，用短的一畫表示在下面的方位，即“下”。

還有一種指事字，是在象形字上添加指示性符號來表現詞義的。如：

本，在象形字“木”的底部加上一個符號，以表示樹根之所在，即“本”。

末，在象形字“木”的上方加上一個符號，以表示樹梢之所在，即"末"。

亦，在象形字"大"的左右兩邊各加上一個符號，以表示兩腋之所在，即"亦"。

甘，在象形字"口"內加上一個符號，以表示滋味甘美之物之所在。

同象形字一樣，指事字在漢字中所占數量極少。

（三）會 意

會意造字法的造字原理是：用兩個或兩個以上的獨體字拼組在一起來表現一種全新的詞義。

會意字根據構成上的不同可以分爲以下兩大類：

1.形象會意字

這類會意字像一幅幅素描寫真，人們從字的構形上很容易領悟到字所表的意義。如：

步：止即腳，兩腳一前一後，表示步行。

莫（即"暮"的本字）："大"爲"艸"的變體，"艸"爲"草"的本字，上下均爲草，太陽在草中，表示日落西山，天快黑了。

牧：左邊是牛，右邊是攵，表手執鞭、棍放牧牲畜。

祭："月"像肉之形，"又"表手，"示"指神案。表手持肉放到神案上祭祀。

初：左邊是上衣之形，右邊是刀之形，用刀裁剪衣料爲制衣之始，表開始。

2.抽象會意字

這類會意字並不是借助生動的形象勾勒來表義的，而是通過抽象的文字符號之間的關係來間接表義的。如：

尖：上面是個"小"，下面是個"大"，上小下大是爲尖。

劣：上面是個"少"，下面是個"力"，少力是爲弱。

掰：兩邊兩個"手"，中間是個"分"，表用手分物。

楞：由三個字元"木、四、方"構成，意即表四方之木。

誩：由兩"言"字構成，表爭論。

抽象會意字較形象會意字晚出，大部分是秦漢以後出現的，戰國時期及戰國以前很難見到。在數量上也大大少於形象會意字。

會意字同象形字、指事字的主要區別體現在：

（1）從漢字結構來看，象形字、指事字均爲獨體字，而會意字爲合體字，它雖然也具有某種形象性，但更具有因形體組合而產生的生成性，能夠表達象形字、指事字難以表達的抽象意義。

（2）象形字、指事字是一種表形文字，而會意字則是一種形意文字，它使漢字由表形走向表意，在方法上比象形和指事前進了一大步。

（四）形 聲

形聲造字法的造字原理是：用形符，或叫意符，表示詞的意義類屬和範疇，再用聲符表示詞的讀音，並區別同一意義類屬的詞。如：

苴，形符爲"艸"，音符爲"且"。

罟：形符爲"网"，音符爲"古"。

裹：形符爲"衣"，音符爲"果"。

戚：形符爲"戉"，音符爲"尗"。

形聲造字法有以下三種情況需要關注：

1.省　形

即形聲造字法在使用過程中，存在省減形聲字形符的現象。最早指出這種現象的是許慎的《說文解字》。如：

寐，臥也。從寤省，未聲。

耆，老也。從老省，旨聲。

弒，臣殺君也。從殺省，式聲。

這些字都是因爲形符過於複雜而被省去一部分筆劃。省形現象在會意字中也存在，如：

氂，氂牛尾也，從犛省，從毛。

眔，目相及也，從目，從隶省。

2.省　聲

即形聲造字法在使用過程中，存在省減形聲字聲符的現象。最早指出這種現象的也是許慎的《說文解字》。如：

產，生也，從生，彥省聲。

融，炊氣上出也。從鬲，蟲省聲。

鮮，魚名，出貉國。從魚，羴省聲。

熯，幹貌，從火，漢省聲。《詩》曰："我孔熯矣。"

相對於省形而言，省聲現象要略多一些。

3.亦　聲

造字過程中，存在讓一部分意符也表讀音的現象。這同樣也是在《說文解字》中首先提出。如：

娶，取婦也。從女從取，取亦聲。

汲，引水也。從及水，及亦聲。

禮，履也，所以事神致福也。從示從豊，豊亦聲。

形聲字中的亦聲字，實際上是一種會意兼形聲字。

形聲造字法的出現在漢字發展史上具有極爲重要的意義：

（1）突破了漢字結構單純表義的體制，使漢字的結構中增加了表音成分，體現了文字是記音符號的本質，並使漢字由形意文字階段過渡到意音文字階段。

（2）使漢字形成了一個個以同一個形符或同一個聲符爲核心的龐大字族，從而強化了漢字的系統性。

（3）由於形聲造字法形符只表義類，不表具體意義，聲符表讀音，可以隨意更換，所以就大大增強了漢字的應變能力，可以針對語言中新出現的詞及時造出新字。

三、因形求義的方法

所謂因形求義，是指通過對漢字字形結構的分析來推求詞的本義的一種方法，也就是傳統訓詁學中所說的形訓。

漢字是一種表意文字，漢字的字形義同詞的本義關係十分密切，許慎就是看到了這一點，從分析漢字字形結構人手來探求字的字形義，同時也探明詞的本義的。此後，因形求義成爲歷代小學家探求詞的本義的常用方法。

（一）因形求義的方法

1.弄清字的最初形體結構

漢字經過多次形體演變，尤其是經過隸變之後，多數字的形體結構已發生了很大的變化，古漢字的直觀表意構形在現行漢字中已蕩然無存。而因形求義的“形”必須是古漢字的“形”，只有古漢字的字形結構才同詞的本義有密切的聯繫。所以，因形求義的第一步，就是要弄清字的最初的形體結構，從而保證所推求的字形義及詞的本義的準確性。

2.辨清字的構造方式

前面我們已討論過，漢字的構造方式共有四種：象形、指事、會意、形聲。不同的構造方式具有不同的表意特點。

象形字、指事字的字形最能反映本義。所以一旦確認是象形字、指事字之後，便可依據所描畫的形體特徵或指示性符號之所在來推究本義。

比較麻煩的是會意字和形聲字。一方面是兩者有時不容易分辨，另一方面是形聲字的聲符絕大多數與字形義無干，有關係的形符也只是揭示了意義類屬，而不像象形字、指事字和會意字那樣揭示的是具體的意義特徵。

先談形聲字同會意字的辨別。王甯、謝紀鋒等的《古代漢語通論》在討論這個問題時結合他們的研究談得相當好，深入淺出，便於掌握。他們認為，分辨形聲字同會意字可以從兩個方面人手：

一是從會意的界說出發，視各字之間是否存在某種"比類合誼"的關係。有，則是會意；無，則是形聲（純形聲字）。因為凡會意字，各字的形或義彼此間都有極密切的內在聯繫，而單純的形聲字則沒有。二是從形聲字具有標聲成分這一點來考察，查該字的讀音是否與其中某字的讀音有音同音近的關係。若有，則是形聲；若無，則是單純的會意。這樣考察的結果，不但可以辨明是會意還是形聲，而且還能確定是不是會意兼形聲（形聲兼會意）。例如短字，最早見於秦隸作短，由"矢"和"豆"複合而成，矢是箭矢，豆是古代盛食物或酒的器具。一為武器，一為食器，二者之間沒有任伺外在或內在的聯繫，無論從什麼角度都無法"比類合誼"，據此可以初步斷定它不是會意字。然而，既是

複合體，不是會意便是形聲。於是再從聲音上來考察，"短"與
"豆"爲雙聲，那麼"短"字是形聲而非會意就可確定無疑了。
再查《說文》，短在矢部："短，有所長短，以矢爲正。從矢豆
聲。"正與我們的判斷相一致。已知爲形聲，則字義主在義符
"矢"。自古造矢，長短輕重必有一定之規，否則即會影響發射
的準確性。而弓矢又是古人出門常帶之物，故可隨時用矢當作尺
子量物之短長。短的本義便由此可知。再如"監"字，甲骨文從
皿從見，其"比類合誼"的構形意圖已從字形表像顯而易見，是
會意字無疑。再從聲音上來考察，"見"還兼有標聲的作用，可
知"監"字是會意兼形聲。《說文》將監字置於臥部之下，並解
釋爲"監下也，從臥峪省聲"，是許慎只據已形訛之小篆而誤認
爲是單純的形聲字了。由於析形有誤，連帶著將本義也搞錯了。

　　再談形聲字的因形求義問題。形聲字雖然不能像會意字那樣
提供較爲全面的字義資訊，但由於形符表示字義所屬的意義範
圍，所以也往往能給人提供推求字形義的線索，並有助於理解字
形義。例如：從"心"的字表示與人的思想感情有關，從"示"
的字表示與神事活動有關，從"巾"的字表示與紡織有關，從
"廣"的字表示與房舍有關，從"戈"的字表示與武器、戰爭有
關，從"言"的字表示與言語有關，等等。

　　另外，在瞭解了一個形聲字的全部意義之後，我們可以依據
形符來確認哪一個是本義。如：

　　"過"字有以下幾個意義：A.走過、經過。B.勝過、超過。
C.過錯、過失、犯錯誤。D.拜訪、探望。《說文》："過，度也；
從走，咼聲。"以走爲形旁的形聲字都與行走的意思有關，可見
走過、經過是本義，其他的意義都是引申義。

　　"舉"字有以下幾個意義：A.舉起、抬起。B.推薦、推舉。C.舉行、施行、行動。D.攻下、佔領。E.全、都。《說文》："舉（舉），對舉也；從手，與（舉）聲。"（對舉就是用兩手舉起來的意思。）以手爲形旁的形聲字大都指與手有關的動作，可見舉起來是本義，其他意義都是引申義。

3.尋找文獻依據

　　在通過字形結構分析，初步確定字形義之後，有必要從古文獻材料中做進一步的求證。

　　（1）從《說文解字》等古代字書中尋找依據

　　《說文解字》等古代字書雖然並非十全十美，完全正確，但大多數結論還是可信的，其中凝結著古代小學家的心血和智慧，借鑒這些已有的成果，可以使我們事半功倍，少走彎路。

　　（2）從古代文獻資料中尋找用例

　　可靠的古代文獻資料中的用例往往是最有力的直接證明。如"益"字，甲骨文作益，下爲器皿，上像水從器皿中溢出。從字的形體結構分析可以初步判定，"益"字的本義是水溢出來。可查《說文解字》得到的結論卻與此相悖："益，饒也。"孰是孰非，只有從古文獻中尋找答案。查《呂氏春秋‧察今》"澭水暴益"中的"益"正解作"水漲"，可見原先字形結構分析不誤，而《說文解字》講的是引申義。又如"行"，甲骨文作行，像四通八達道路之形，可以初步判定"行"的本義當作"道路"解。可《說文解字》卻理解爲："行，人之步趨也，從彳從亍。"而查《詩經》，"行"作"路"解之例頗多，如《詩‧豳風‧七月》："遵彼微行。"《詩‧小雅‧鹿鳴》："示我周行。"可見"行"的本義當作道路解。

（二）漢字形體分析的方法

1.掌握形符的各種變體

漢字形符乍看起來紛繁複雜，實際上不少是同一個形符因寫法的不同而形成的變體，掌握這些變體，我們在分析漢字形體結構時才會做到遊刃有餘，從容不迫。

以"手"爲例，漢字中"手"字的變體是最多的：

（1）手（扌）：shǒu，"拿、掰、持、撮、推"等字皆取此形。

（2）又：yòu，"友、史、及、爰、受、支、敗、牧、放"等字皆取此形。

（3）ナ：zuǒ，"友、左、右、差"等字取此形。

（4）彐：yòu，"秉、兼、聿、尹、爭、帚"等字取此形。

（5）廾（六、大）：gǒng，"弄、戒、弁、兵、共、具、畀、舁、奕、與（興）"等字皆取此形。

（6）爪：zhǎo，"采、孚、舀、受"等字取此形。

（7）韦：shǒu，"舉、奉"等字取此形。

（8）寸：shǎu，"求、寸、封、尊、冠、尋"等字皆取此形。

（9）臼：jǔ，"異、輿、與、與、要"等字取此形。

以上這幾十個字雖形體各異，但均同手部動作有關。

2.善於將形符歸類

除去變體之外，不少形符雖然形體不同，但意義卻相同或相近。注意把這些形符歸併在一起，有助於我們在分析漢字形體時觸類旁通，左右逢源。

如把表"腿"、"腳"的形符同表腿、腳部動作的形符歸併在一起，就可以將許多字系聯起來。

（1）止：象腳板腳趾之形，"步、前、此、歸"等字取此形符。

（2）足：象腳之形，"跟、跌、蹴、蹇、路"等字取此形符。

（3）辵（辶）：從彳從止，表乍行乍止，"過、遭、遁、造、遜、邊、道、逐、逆、迎、迫、適、邇、連"等字取此形符。

（4）癶：從二止，表足踏、足登之義。"登、癹、發"等字取此形符。

（5）走：從夭從止，表快跑之義。"越、赳、趨、赴、起、趄、超"等字皆取此形符。

（6）彳：與行走有關。"往、征、徂、徑、徐、徠、循、復"等字皆取此形符。這幾十個字大多同人的腿、腳部動作有關，歸併在一起理解也易於掌握。

四、古今字、異體字、繁簡字

（一）古今字

1.什麼是古今字古今字，也就是分化字。分化前一字記寫多詞時期的字稱爲"古字"，分化後專記一詞的字稱爲"今字"。從字形結構上看，今字是在古字的基礎上派生出來的，所以今字的寫法一般比古字複雜，如（古字在前，今字在後）：

A.共供　知智　昏婚　取娶　道導　說悅　反返　景影
大太　厭饜　竟境　弟悌　田畋　尸屍　責債　陳陣　賈價
坐座　屬囑　益溢　內納　赴訃　止趾　章彰
B.辟避　辟闢　執熟　馮憑　舍捨　女汝　卒猝　何荷

然燃　其箕　匡筐　皇凰　直值　度渡　莫暮　免娩　要腰
申伸　頃傾　果菓　孫遜　占佔

2.古今字產生的原因

　　古今字是漢字爲保證準確寫詞記言的功能而不斷調整自己，致使漢字形體孳乳的一種歷史現象。上古時代，漢字的數量少，漢字的產生速度總是落後於詞彙的發展速度。要想使漢字完成記錄漢語的使命，就只好採用一字寫多詞的辦法。具體說來，這種一字寫多詞的現象可分爲兩種情況：兼寫同源分化詞和兼寫同音詞。

　　一字寫多詞的辦法雖然解決了字少詞多的矛盾，但這種辦法過多地使用，又容易造成表達和理解上的困難，削弱了漢字準確記錄漢語的功能。隨著文字的發展，人們又爲兼表多詞（常常是二詞）的字造一個字，實現了同源詞或同音詞在書面上的分化。從文字的角度看，分化前兼表多詞的字與分化後只表其中一詞的字便構成一對古今字。因此，古今字從來源看可分爲同源分化形成的古今字和同音假借形成的古今字兩類。上面所舉的古今字例子中，A 組就都是同源分化形成的古今字，B 組都是同音假借形成的古今字。

3.結合上下文語境，準確解釋古今字

　　一些字若按原字理解，在上下文中明顯地扞格不通，這些字一般是古今字中的古字；若將它轉化爲相對應的今字，問題就迎刃而解了。例如：

　　①誰習計會，能爲文收責於薛者乎？（《戰國策·齊策》）

　　"責"在秦漢時期多用作動詞，表索取、詢問之義，這樣句子就沒法理解。若結合上下文語境，將其轉化爲相對應的今字

“債”，問題就迎刃而解了。

②齊人有馮諼者，貧乏不能自存，使人屬孟嘗君。（同上）

“屬”當託付、囑託講，是古字；後來產生的“囑”是今字。

③秦伯說，與鄭人盟。（《左傳，僖公三十年》）

“說”，當高興講，是古字；後來產生的“悅”是今字。

④穎考叔爲穎谷封人，聞之，有獻於公。公賜之食。食舍肉。（《左傳·隱公元年》）

“舍”當放著講，是古字；後來產生的“捨”是今字。

⑤爾貢包茅不入，王祭不共，無以縮酒，寡人是征。（《左傳·僖公四年》）

“共”當供給講，是古字；後來產生的“供”是今字。

（二）異體字

1.什麼是異體字

異體字又稱或體字，是指同一個詞的不同的書寫形式，即所記的詞音義完全相同而形體不同的字，這些字在任何情況下都可以互相替換，而不會產生歧義。異體字可以分爲兩大類。

第一類，兩個字都常見，前一個是通用字。例如：

睹親　嘆歎　鄰隣　俯俛　鷄雞

第二類，其中一個字常見，另一個罕見。例如：

驅敺　欣忻　蚓螾　村邨　坤堃　哲喆　俯頫　軟輭　坑阬

異體字形體上的分歧有下列幾種情況：

（1）會意字和形聲字的分別。下列每組中前一個字是會意字，後一個字是形聲字。如：

淚淚　岩巖

（2）意旁不同。如：

嘆歎　袴綯　睹覩　遍徧　暖煖　擔儋

（3）聲旁不同：如：

褲袴　饋餽　泄洩　煙烟　晒昵

（4）意旁聲旁都不同。如：

跡蹟　村邨　剩賸

（5）交換各種成分的位置。有的是改變了聲旁和意旁的位置。如：

慚慙　峰峯　蹴躆　概槩　稿稾　群羣　鵝鵞

有的是改變了聲旁或意旁的寫法，如：花苍　雜襍

每組異體字的數量，並非都是兩個，有的是三個，甚至更多，例如：

褲綯袴　炮砲礮　襪韤襪

2.異體字產生的原因

漢字之所以會產生眾多的異體，主要是由於使用漢字的人數多，地域廣，時間長。人們在不同的時間和空間裏造字，由於構思不同，取材有別，方法各異，加上不同時代或地域間語音、習俗等條件差異的影響，給同一個詞造出兩個以上結構不同的字，是很自然的事。早在商周時代的甲骨文、金文中，就已存在大量的異體字。隨著漢字的發展，每個時代都會產生一些異體字。至於產生異體字的直接的原因主要有以下幾條：

（1）因偏旁位置的不同而形成的。如：

峰（峯）、群（羣）、期（朞）、秋（秌）

（2）因偏旁的不同而形成的。如：

撫（拊）、堤（隄）、逼（偪）、酬（醻）

（3）因造字方法的不同而形成的。如：

躬（躳）、叫（呌）、梅（楳）、燕（鷰）

異體字的存在，成爲閱讀古書的一種障礙，因此，必須掌握有關異體字方面的知識，熟悉相關的各種情況。

（三）繁簡字

1.什麼是繁簡字

繁簡字指繁體字和相應的簡體字。所謂繁體與簡體，是就同一個字所使用的筆劃的多少相對而言的，筆劃多的叫繁體字，筆劃少的叫簡體字。

繁簡字是一種特殊的異體字。因爲繁體字與簡體字音、義相同，在一般情況下可以互換使用。但也有例外，即少數繁簡字並不是簡單的異體字。如"餘"同"余"構成繁簡字，但並非異體字，因爲"余"除了表"多餘"的意義外，還具有"餘"所不具有的"我"的意義。

繁簡字一般不是古今字。如"益"是"溢"的古字，當"溢"產生後，兩者就各有自己的職能，這二字也不能相互替換使用。

2.繁簡字之間的不同對應關係

簡體字與繁體字的關係絕大多數是一對一的等同關係，只要把繁體字記住就可以了。例如：达達　国國　学學　爱愛　办辦　递遞　宝寶　桥橋　灯燈　对對　担擔　顾顧　称稱　断斷　隶隸等。但是也有少數是一對二、一對三或一對四的關係。例如（第一個字是簡體字，其餘繁體字）：尽盡儘　弥彌瀰　汇彙匯　当當噹　干幹乾　蒙矇濛檬　复復複　台臺檯枱颱　坛壇壜罎罈等。

值得注意的是，這種一對三、一對四關係繁簡字的繁體字，用法往往是有區別的。例如"彙"和"匯"簡化爲"汇"，但在繁體字中，"彙"只表示同類之物，如"詞彙"，"水流匯合"之意只能作"匯"；再如，"干"、"幹"、"乾"都簡化作"干"，但在繁體字中，"干活兒"作"幹"、"乾淨"作"乾"（這個字還用作"乾坤"的"乾"），而"干"字從前則僅用於"干支"、"干戈"等義。

有些字本來在詞義上是毫不相干的，或者區別很大，只是因爲字音相同或相近，簡化時就採用了那個筆劃較簡的作爲簡體字，這種情況最值得注意。如果用現在簡化字所代表的那個詞義去解釋古書，就會發生誤解。現在分組舉例說明如下。

后後　簡體"后"有君主和皇后兩個意義。前者例如："其南陵，夏后皋之墓地。"（《左傳，僖公三十二年》）後者例如："后叔父梁，早終。"（《後漢書·郭皇后紀》）"後"有先後和後代兩個意義。前者例如："前不能救後，後不能救前。"（《孫子兵法·虛實》）後者例如："諸葛亮字孔明，琅琊陽都人也。漢司隸校尉諸葛豐後也。"（《三國志·蜀書·諸葛亮傳》）當"后"表示君主、皇后意義時，決不能寫作"後"。

征徵　古代漢語這兩個字除了在徵稅的意義上有時相通外，別的意義決不能通用。"征"解作出征、遠行或征伐。前者例如：。昭王南征而不復。"（《左傳·僖公四年》）後者例如："曹公，豺虎也，挾天子以征四方。"（《資治通鑒·建安十三年》）"徵"解作驗證（如："殷禮吾能言之，宋不足徵也。"《論語·八佾》）、徵兆（如："兵未戰而先具敗徵。"《史記·項羽本紀》）、徵召（如："近魯陽樊君被徵。"《後漢書·黃瓊傳》）、徵求、索取（如："爾貢包茅不入，王祭不共，無以縮酒，寡人是徵。"《左傳·僖公四年》），以上各種義項均簡化作"征"，但本作"征"的地方並不對應"徵"。"徵"又讀zhǐ，爲古音階之一，不能簡化作"征"。

余餘 "餘"是第一人稱代詞，解作我、我的。如："僕夫悲余馬懷兮。"（屈原《離騷》）"餘"解作剩餘。如："損有餘而補不足。"（《老子》）在古書中"余"和"餘"不能互相代替。屬於以上情況的，還有許多例子，現僅簡述其詞義的不同，不再詳加論述。如：丑（干支），醜（美醜）；谷（山谷），穀（五穀、善）；几（幾案），幾（幾何）；里（里程、鄉里），裏（裏外）；只（僅），隻（量詞）；鬥（量器、容量單位），鬬（爭鬥）；饥（餓），饑（年成不好）等。

還有一種情況，相對應的兩個字，在這一意義上通用，而在另一意義上則不通用。例如：

才纔　在方才的意義上可以通用，但才能不作"纔"。

借藉　在憑藉的意義上可以通用，但借貸不作"藉"。

制製　在製作的意義上可以通用，但制裁、法制的"制"不能寫作"製"。

綜合練習

一、單項選擇題

1.關於"六書"的名稱和次序，我們通常採用的是（　　）。

  A.班固的名稱，許慎的次序　B.許慎的名稱，鄭眾的次序

  C.許慎的名稱，班固的次序　D.鄭眾的名稱，許慎的次序

2.許慎所謂的"比類合誼，以見指撝"指的是（　　）

  A.指事　B.會意　C.形聲　D.象形

3.許慎所謂的"建類一首，同意相授"指的是（　　）

  A.假借　B.形聲　C.轉注　D.會意

4.許慎在給假借下定義時所舉的兩個例字是（　　）

  A.日、月　B.武、信　C.考、老　D.令、長

5.關於六書理論清人提出了"四體二用"之說，這"二用"指的是（　　）

  A・象形、指事　B・會意、形聲

  C・轉注、假借　D・形聲、轉注

6.下列各組漢字全是象形字的是（　　）。

  A.木、牛、血　B.水、本、人

  C.燕、雨、羊　D.鳥、月、甘

7.下列各組漢字全是指事字的是（　　）。

  A.亦、末、寸　B.本、血、凡

  C.介、冘、出　D.馬、鳥、田

8.下列各組漢字全是會意字的是（　　）。

　　A.盜、穎、牧　　B.戒、分、辨

　　C.夜、盜、弄　　D.共、班、析

9.下列各組漢字全是形聲字的是（　　）。

　　A.聞、悶、在　　B.更、烈、冠

　　C.寺、寇、圍　　D.瞠、暴、放

10.《說文解字》："耆，老也。從老省，旨聲。" 指的是一種（　　）現象。

　　A.省形　　B.省聲　　C.亦聲　　D.亦形

二、判斷正誤，並說明理由

1."六書" 一說最早見於許慎的《說文解字》。（　　）

2.省形現象在會意字中也存在。（　　）

3.抽象會意字較形象會意字早出。（　　）

4."內" 和 "納" 是異體字。（　　）

5."撫" 和 "拊" 是古今字。（　　）

6."遞" 和 "逓" 是繁簡字。（　　）

7.繁簡字一般都是異體字，只有少數是例外。（　　）

8.所謂因形求義，是指通過對漢字字形結構的分析來推求詞的本義的一種方法，也就是傳統訓詁學中所說的義訓。（　　）

三、試運用 "因形求義" 法解釋下列加點詞的意義

1.自西徂東，靡所定處。（《詩·大雅·桑柔》）

2.其兄掩戶而覘之。（《淮南子·傲真》）

3.又有白馬山，山石似馬，望之逼真。（《水經注·沔水》）

4.齊孝公伐我北鄙（《左傳‧僖公二十六年》）

5.夏則爲大暑之所暴炙。（《漢書‧王吉傳》）

6.法敗則國亂。（《韓非子‧難一》）

7.或脫簡，或脫編。（《劉歆《移太常博士書》）

8.君車將駕，則僕執策立于馬前。（《禮記‧曲禮上》）

9.秋，有蜚爲災也。（《左傳‧莊公二十九年》）

10.杲乎如登於天，杳乎如入於淵。（《管子‧內業》）

11.人性有畏其影而惡其跡者。（枚乘《上書諫吳王》）

12.譬若絲縷之有紀，網罟之有綱。（《墨子‧尙同上》）

13.王之臣有托其妻子于其友而之楚遊者，比其反，則凍餒其妻子，則如之何？（《孟子‧梁惠王下》）

14.高祖持御史大夫印，弄之。（《漢書‧趙堯傳》）

15.宋萬遇仇牧於門，批而殺之。（《左傳‧莊公十三年》）

16.晨往，寢門辟矣。（《左傳‧宣公二年》）

17.有斬將搴旗之功。（司馬遷《報任安書》）

18.恐受賕枉法。（《史記‧優孟傳》）

19.孔子下，欲與之言，趨而辟之，不得與之言。（《論語‧微子》）

20.公使讓之。（《左傳‧僖公五年》）

四、問答題

1.什麼叫"象形"？象形字和圖畫有什麼區別？

2.什麼叫"會意"？會意字可分哪幾類？舉例說明。

3.什麼叫省形？什麼叫省聲？什麼叫亦聲？分別舉例說明。

4.舉例說明形聲造字法出現的意義。

5.如何辨析會意字和形聲字？試以"牧"、"放"爲例加以說明。

6.什麼是異體字？舉例說明異體字產生的原因。

五、指出下列句子中加點的字是古今字還是異體字，並寫出同它們相對應的今字或異體字

1.向使四君卻客而不內，疏士而不用，是使國無富利之實，而秦無彊大之名也。（李斯《諫逐客書》）

2.今毆民而歸之農，皆著於本，使天下各食其力，末技遊食之民轉而緣南晦。（賈誼《論積貯疏》）

3.士為知己者用，女為說己者容。（司馬遷《報任安書》）

4.養其根而竢其實，加其膏而希其光。（韓愈《答李翊書》）

5.自變故以來，主和議者，誰不以此說啗陛下哉？（胡銓《戊午上高宗封事》）

6.公賜之食，食舍肉。（《左傳‧隱公元年》）

7.爾貢包茅不入，王祭不共。（《左傳‧僖公四年》）

8.韓厥俛定其右。（《左傳‧成公二年》）

9.券徧合，起，矯命以責賜諸民。（《戰國策‧齊策》）

10.文倦于事，憒於憂，而性懧愚。（《戰國策‧齊策》）

11.上明而政革，則是雖竝世起，無傷也。《荀子，天論》）

12.星隊木鳴，國人皆恐。（《荀子‧天論》）

13.韓厥夢子輿謂己曰：「且辟左右。」（《左傳‧成公二年》）

14.民食果菰蚌蛤，腥臊惡臭而傷害腹胃。（《韓非子‧五蠹》）

15.君子博學而日參省乎己，則知明而行無過矣。（《荀子‧勸學》）

第二章　詞　彙

一、古代漢語詞彙的構成

（一）單音詞

我們前面在討論現代漢語詞彙的特點時曾指出：雙音節合成詞佔優勢是現代漢語詞匯的主要特點之一。與此相反，古代漢語詞彙則以單音詞爲主體。

1.古代漢語單音詞和現代漢語複音詞的關係

古代漢語單音詞和意義對應的現代漢語複音詞的關係主要表現爲以下三種情況：

（1）古漢語單音詞同現代漢語複音詞是完全不同的詞。如：

稽 —— 考證、薦 —— 草席、師 —— 軍隊

矜 —— 驕傲、糾 —— 檢舉、狙 —— 獼猴

（2）現代漢語複音詞由古漢語單音詞加上詞綴後構成。如：

籠 —— 籠子、眸 —— 眸子、石 —— 石頭、師 —— 老師。

（3）現代漢語複音詞由兩個古漢語單音詞構成。如：

元首、角逐、攫取、勸勉、饋贈。

2.古今同形異義結構的辨別

有時候，古代漢語兩個單音詞連用，便構成一個同現代漢語雙音詞同形異義的結構，若不注意辨別，就會鬧笑話。如：

①先帝不以臣卑鄙，猥自枉屈，三顧臣於草廬之中。（諸葛亮《出師表》）

這裏的"卑鄙"是兩個詞，"卑"指地位低下，"鄙"指學識淺陋，若解作現代意義的品德惡劣就曲解原意了。

②（太尉）掌四方兵事功課，歲盡則奏其殿最而行賞罰。（《後漢書，百官志一》）

這裏的"功課"不是指現代意義的學生按規定學習的課程，而是指官吏治績的考核，是兩個詞，其中"功"表"功勞，成績"，"課"表"考核"。

③獨有清秋日，能使高興盡。（殷仲文《南川恒公九井作》）

這裏的"高興"也是兩個詞："高"指"高雅"，"興"指"興致"，"高興"表"高雅的興致"，若理解作現代的意義"興奮，愉快"，那就鬧笑話了。

（二）聯綿詞

1.什麼是聯綿詞

聯綿詞是由兩個字連綴在一起，組成一個不可分割的整體，共同表示一個意義的雙音節詞。聯綿詞是一種雙音單純詞，兩個字只有組合在一起才能表義，單個的字不能表義，或者說單個字所表的意義同聯綿詞的意義毫無關係。

也正因為組成聯綿詞的每個字只表音節，不表意義，所以聯綿詞中每個字的寫法並不固定，如"彷徨"就可寫成"方皇、旁皇、房皇、傍徨"等。

2.聯綿詞的類型

根據聯綿詞兩個音節在語音上的關係，聯綿詞可分成以下四種類型：

（1）雙聲聯綿詞。即兩個音節的聲母相同，如：仿佛、蕭瑟、流離、憔悴、參差、荏苒、猶豫、倉卒、留連、踴躍、躊躇、倜儻、玲瓏、匍匐。

（2）疊韻聯綿詞。即兩個音節的韻腹和韻尾相同，如：蹉跎、徘徊、倉皇、披靡、臂篆、望洋、偃蹇、莽蒼、彷徨、綢繆、扶疏、窈窕、逍遙、崔嵬、叮嚀。

（3）雙聲兼疊韻聯綿詞。即兩個音節的聲母和韻腹、韻尾都相同，如：繽紛、輾轉、繾綣、優遊、逶迤。

（4）非雙聲疊韻聯綿詞。即兩個音節的聲母和韻母都不相同，如：顛沛、扶搖、迷陽、狼藉、滂沱、跳踉。

看某一聯綿詞是否屬於雙聲疊韻，應該以古音作爲標準來確定，決不能拿今音作爲依據。如“蕭瑟”，普通話讀爲 xiāosè，不能看作雙聲，而依據古音它們都屬於心母。所以“蕭瑟”確是雙聲聯綿詞。

（三）偏義複詞

1.什麼是偏義複詞

偏義複詞是由兩個單音的近義詞或反義詞充當構詞成分而組成的一種合成詞，其中只有一個構詞成分表義，另一個不表義，只起陪襯作用。例如：

①孝文且崩時，誠太子曰：“即有緩急，周亞夫其可任將兵。”（《史記·絳侯周勃世家》）

“緩急”即指“急”，指的是國家發生了緊急嚴重的事情，“緩”不表義，爲偏義複詞。

②心疑之，陰獨察其動靜，與俱上下。（《漢書·金日磾傳》）

“動靜”只有“動”義而無“靜”義，爲偏義複詞。

③今有一人，入人園圃，竊其桃李。（《墨子·非攻上》）

古代種樹的地方叫“園”，種菜的地方叫“圃”，這裏只有“園”義，“圃”只起陪襯作用，不表義，爲偏義複詞。

2.偏義複詞的類型

根據構成偏義複詞的兩個成分之間的意義關係，可以把偏義複詞分爲以下兩類：

（1）由兩個單音節反義詞構成的偏義複詞，這類偏義複詞占了絕大多數。如：

①懷怒未發，休祲降於天。（《戰國策·魏策》）。

“休”指吉兆，“祲”指妖氣。這裏偏指“祲”，“休”無義。

②宮中府中俱爲一體，陟罰臧否，不宜異同。（諸葛亮《出師表》）

這裏偏指“異”，“同”無義。

③多人，不能無生得失。（《史記·刺客列傳》）

這裏偏指“失”，“得”無義。

④司馬遷觸天子喜怒。（《柳宗元《答韓愈論史官書》）

這裏偏指“怒”，“喜”無義。

⑤晝夜勤作息，伶俜縈苦辛。（《古詩爲焦仲妻作》）

這裏偏指“作”，“息”無義。

⑥人者，爪牙不足以供守衛，肌膚不足以自捍禦，趨走不足以從利逃害，無毛羽以禦寒暑。（《列子·楊朱》）

這裏偏指“寒”，“暑”無義。

（2）由兩個單音節近義詞或類義詞構成的偏正複詞，這類偏義複詞明顯少於前一類。如：

①田荒則府倉虛。（《韓非子‧解老》）。

倉。指糧庫，"府"指財庫。這裏偏指"倉"，"府"無義。

②大夫不得造車馬。（《禮記‧玉藻》）

這裏偏指"車"，"馬"無義。

③三軍以利用也，金鼓以聲氣也，利而用之，阻隘可也。（《左傳‧僖公二十二年》）

在古代戰爭中，"金"指鳴金收兵，"鼓"指擊鼓進擊，用以鼓舞士氣。這裏偏指"鼓"，"金"無義。

二、古今詞義的異同

（一）古今詞義異同的具體表現

1.古今意義基本相同

這主要是一些基本詞，如"人、天、水、土、火、有、無、坐、立、馬"等。它們在長期的歷史發展過程中具有較強的穩固性，基本沒有發生變化，所以閱讀古籍時碰到這類詞，理解上不存在障礙。

2.古今意義完全不同

有一些詞古今語義差異懸殊，完全是兩碼事。如"該"在古代解作"具備"或"完備"，前者如"該二儀之生育，贊人道之幽變。"（《谷梁傳序》），後者如"仁聖之事既該，帝王之道備矣。"而沒有現代漢語中的"應該"之義。又如"搶"，古代解作"碰，撞"，如"布衣之怒亦免冠徒跣，以頭搶（qiāng）地爾。"也解作"逆，反方向"，如"艇子搶（qiāng）風。"而現代則一般解作"搶（qiǎng）劫"。

3.古今意義有同有異

有相當數量的常用詞，古今意義之間既有聯繫，又有發展；既有某些相同之處，又有許多區別。由於語言具有繼承性，今義是在古義的基礎上發展出來的，古今詞義必然要有聯繫。二者關係有的很密切，以致使人難以分辨它們的細微差別；有些關係較疏遠，又會讓人覺得它們毫不相干。實際上，這類詞義卻是我們在學習古代漢語時最應該重視的部分。我們的學習重點不在於古今詞義的相同，而在於它們的相異，尤其對古今詞義的細微差別我們必須認真掌握。例如"勸"，上古解作勉勵和鼓勵（如《管子·立政》"勸勉百姓"），以後有了勸解之義；"再"古代只當兩次或第二次講，現代則表示行為重複；"湯"古代當熱水講（如晁錯《言守邊備塞疏》"赴湯火，視死如生"），現代是菜湯、米湯的意思。很多詞在產生新的意義以後，往往新舊兩種詞義並存，我們在閱讀時應該細心辨析。

（二）古今詞義發展變化的途徑

古今詞義發展變化的途徑可以有多種概括，目前比較通行的說法就是，詞義的擴大、詞義的縮小和詞義的轉移。也有人將這三條表述為"古今詞義發展變化的結果"。

1.詞義的擴大

所謂詞義的擴大是指詞義的外延的拓展，即引申義的意義範圍比本義擴大了。例如"臉"原來指兩頰的上部，如："眉銷殘黛臉銷紅。"（白居易《昭君怨》），後來意義擴大為指整個面部。又如“鳴”的本義是指“鳥叫”，如“鳥鳴嚶嚶”。後來泛指動物的叫聲，也指物體發出的聲響，意義範圍擴大了。又如“睡”，中古以前是專指坐著打瞌睡，如“孝公時時睡，弗聽。”（《史記·商君列傳》）至於其他形式的“睡”各有他詞表示：趴在幾上睡覺，叫臥；躺在床上睡（不一定睡著），叫“寢”；閉上眼睛睡，叫眠；睡著了，叫“寐”。中古以後，上述意義均由“睡”來承擔了。

2.詞義的縮小

所謂詞義的縮小是指詞義的外延有所收縮，即引申義的意義範圍較之本義縮小了。一般認為詞義的擴大較為常見，詞義的縮小，數量有限。例如“宮”，原來指的是普通人的房屋、住宅，如“父母妻子，皆同其宮。”後來則專指帝王的房屋、宮殿。又如：“丈人”原指一切年老的男人，如：“子路從而後，遇丈人以杖荷蓧。”（《論語·微子》）後來則專指妻子的父親 —— 岳父。同樣，“丈夫”原指一切成年男子，如：“丈夫垂名動萬年。”（杜甫《赤霄行》），後來專指配偶中的男方 —— 丈夫。又如“墳”，原泛指高大的土堆，如：“登大墳以遠望兮。”（屈原《九章·哀郢》），後來專指埋死者的土堆 —— 墳墓。

3.詞義的轉移

所謂詞義的轉移，是指詞義的內涵、外延均起了根本性的變化 —— 詞義由指稱甲事物轉為指稱乙事物。如：“錢”原指古代的一種農具，類似現在的鐵鏟，如“命我眾人，庤乃錢鎛。”（《詩·周頌·臣工》。庤，準備；乃，你們的；鎛，類似鋤頭的農具。）現則指貨幣。又如“涕”原指的是眼淚，如：“悲愁垂涕相對。”（《列子·湯問》）表鼻涕之義的是“泗”，如：“涕泗滂沱。”

（《詩·陳風·澤陂》）今則"涕"代替了"泗"，由指稱眼淚
轉爲指稱鼻涕，而"涕"原來所表之義由"淚"來承擔了。又如
"犧牲"原指的是祭祀用的牲畜，如："犧牲玉帛，弗敢加也，
必以信。"（《左傳·莊公十年》），今指爲了正義的目的捨棄
自己的生命或利益，詞義發生了根本性的轉變。

　　實際上，詞義的古今發展變化情形相當複雜，而詞義的擴大、
縮小、轉移不過是幾種常見的發展變化途徑，除此之外，還有感
情色彩的變化，如"賄"古今都有財物的意思，但古代的"賄"
是中性詞，並無貶義色彩，如"以爾車來，以我賄遷。"（《詩·
衛風·氓》）而今天說的"賄"則含貶義，受賄是一種腐敗行爲。
還有詞性的變化，如："苦"原指苦菜，爲名詞，如"采苦采苦。"
（《詩·唐風·采苓》）後指味苦，與"甜"相對，爲形容詞。
"市"原指市場，如"景公欲更晏子之宅，曰：'子之宅近市。'"
（《左傳·昭公三年》）後來也表購買之義，爲動詞。需要說明
的是，詞性的變化往往伴隨的是詞義的轉移。

三、詞的本義和引申義

（一）一詞多義現象和詞的本義

　　多義現象是任何一種語言的詞義系統中的常見現象。如果
說，現代漢語中多義現象遠不如單義現象來得普遍的話，那麼古
代漢語中的情形剛好相反，多義現象遠較單義現象普遍，這是由
於現代漢語的歷史短暫而古代漢語的歷史悠長的緣故。翻開任何
一部古代漢語字典、詞典，這種多義現象一統天下的景觀已成爲
一種不變的永恆，試以"沉"即"沈（chén）"爲例：

（1）沒入水中，與"浮"相對。如《詩·小雅·菁菁者莪》："汎汎楊舟，載沉載浮。"

（2）陷入，入迷。如《戰國策·趙策二》："學者沉于所聞。"

（3）程度深。如蕭統《文選序》："事出於沉思。"

（4）沉著。如《漢書·趙充國傳》："爲人沉勇有大略。"

一詞多義現象並非一盤散沙，無章可尋，而是內部有著緊密的聯繫，互相關聯的。這些具有內在關聯性的詞義也並不是地位平等的，其中必然有一個中心意義，其他意義均是圍繞著它引申而來的。這個中心意義從產生的時間來看，通常是最早產生的，大家一般稱之爲本義。本義是詞義引申發展的源頭、起點。如上面所引的"沉"，基本義是"沒入水中"，由此引申爲泛化性的陷入、入迷；沒入水中是有一定的下降幅度的，由此引申爲程度深；沒入水中的東西是有一定重量的，由此引申爲穩重、沉著等抽象義。

正因爲本義是多義詞所有意義的核心，是其他意義產生的基礎，所以對詞的本義的把握就顯得尤爲重要，它是瞭解多義詞各詞義間聯繫，梳理詞義引申發展脈絡的關鍵性步驟，總的前提。探求詞的本義，常用的方法便是我們前面在"文字"部分已討論過的因形求義的方法，通過分析古漢字的形體結構，而輔之以古代字書的解釋以及可靠的古文獻材料，來推求詞的本義。如：

向，甲骨文的字形像房屋墻上開了窗戶。《說文》："向，北出牖也，從宀，從口。""向"的本義是朝北開的窗戶。如《詩·豳風·七月》："塞向墐戶。"

涉，甲骨文的字形，中間是河，左右是腳印。《說文》："涉，徒行厤水也。""涉"的本義是蹚水過河。如屈原《九章·哀郢》：

“江與夏之不可涉。”（江：長江。夏：夏水。）

　　監，甲骨文的字形像人對著器皿俯視。“監”的本義是對著盛有水的器皿照看自己的形象。如《尚書·酒誥》：“古人有言曰：‘人無于水監，當於人監。’”

　　兵，甲骨文的字形，像雙手舉斤，斤是兵器。《說文》：“兵，械也。從廾持斤。”“兵”的本義是兵器。如《孟子·梁惠王上》：“填然鼓之，兵刃既接，棄甲曳兵而走。”

　　啓，甲骨文的字形，像用手開門。《說文》：“啓，教也。從攴，启聲。”“啓”的本義是開門。如《左傳·隱公元年》：“夫人將啓之。”《說文》訓“教”是引申義。

　　秉，甲骨文、金文字形，都像用手持禾。《說文》：“秉，禾束也，從又持禾。”本義是一把禾。如《詩·小雅·大田》：“彼有遺秉，此有滯穗。”

　　兼，金文字形，像一隻手同時拿著兩根禾。《說文》：“兼，並也，從又持秝（lì）。‘兼’持二禾，‘秉，持一禾。”“兼”的本義是一手持兩把禾。同時做兩件事情是它的引申義，如《史記·秦始皇本記》：“皇帝並宇，兼聽萬事。”

　　竟，甲骨文寫、小篆字形，下面是人形，上面是“音”字。《說文》：“樂曲盡爲竟。從音從人。”“竟”的本義是樂曲結束，後來泛化爲表“完畢，終了”，如《晉書·謝安傳》：“看書既竟。”

　　齊，甲骨文字形，像整齊的麥穗形。《說文》：“齊，禾麥吐穗上平也。”“齊”的本義是整齊。《三國志·吳書·吳主傳》：“曹公望權軍，歎其齊肅。”

（二）詞的引申義

1.什麼是詞的引申義

詞的引申義是從詞的本義推衍發展而來的意義。下面，我們舉一些古代漢語引申義的例子：

（1）領，本義是脖子。《說文解字》："領，項也。"《左傳·昭公七年》："引領所望。"用的正是本義。下面各項是引申義：

①衣領。《荀子·勸學》："若挈裘領。"（挈，提。裘，皮衣。）

②統率，率領。《三國志·吳書·吳主傳》："各領萬人，與備俱進。"

③兼任較低的官職。《晉書·謝安傳》："又領揚州刺史。"

④領會，欣賞。陸遊《初春書懷》詩："共領人間第一香。"

（2）寢，本義是躺著睡覺。《說文解字》："寢，臥也。"《論語·衛靈公》："吾嘗終日不食，終夜不寢。"用的正是本義。下面各項是引申義：

①橫臥的。《荀子·解蔽》："見寢石，以爲伏虎也。"

②臥病。常同"疾"、"病"連用，如《後漢書·宋均傳》："均常寢病。"

③臥宮，寢宮。《左傳·宣公二年》："晨往，寢門辟矣。"

④寢廟。古代宗廟分兩部分，後面停放牌位和先人遺物的地方叫"寢"，前面祭祀的地方叫"廟"，合稱寢廟。如《詩·小雅·巧言》："奕奕寢廟。"（奕奕，高大的樣子。）

⑤息、止。王褒《四子講德論》："秦人寢兵。"

⑥扣住不發。《梁書‧丘遲傳》：“爲有司所糾，高祖愛其才，寢其奏。”（糾：檢舉）

⑦相貌醜陋。《晉書‧左思傳》：“貌寢，口訥。”

（3）推，本義是用手推。《說文解字》：“推，排也。”《左傳‧成公二年》：“苟有險，餘必下推車。”下面各項是引申義：

①移，推移。《淮南子‧修務》：“倏忽變化，與物推移。”

②推究，推求。《貞觀政要‧納諫》：“大理推得其僞，將處雄死罪。”

③推論。《韓非子‧五蠹》：“推是言之，是無亂父子也。”

④推廣。《史記‧主父偃傳》：“願陛下令諸侯得推恩分子弟以地侯之。”

⑤推薦，推舉。王安石《上皇帝萬言書》：“使眾人推其所謂賢能。”

⑥執行，推行。《韓非子‧五蠹》：“推公法，而求索奸人：”（求索奸人：搜捕不守法的壞人。）

⑦除去。《詩‧大雅‧雲漢》：“旱既大甚，則不可推。”

⑧辭讓，推卻。孫作《謝馬善送茱》詩：“鵝掌推不受：”

⑨推諉，推託。辛棄疾《臨江仙‧簪花屢墮戲作》：“一枝簪不住，推道帽簷長。”

（4）引，本義是開弓。《說文》：“開弓也。”《孟子‧盡心下》：“君子引而不發。”發，射出去。以下各項是引申義：

①延長，伸長。《左傳‧成公十三年》：“我君景公引領西望。”

②引導，率領。《史記‧滑稽列傳》：“發民鑿十二渠，引河水灌民田。”

③退卻，離開。前者例如《戰國策·趙策》："秦軍引而去。"後者例如賈誼《吊屈原賦》："風漂漂其高逝兮，固自引而遠去。"

2.詞義引申的方式

（1）直接引申 —— 輻射式

所謂直接引申，是指從本義的基礎上直接推衍發展出引申義的一種詞義引申的方式。例如"劉"的本義是殺、戮，如《左傳·成公十三年》"虔劉我邊陲"（虔，殺）中的"劉"用的正是本義。殺戮是要用兵器的，所以引申爲斧鉞一類的兵器，如《尚書·顧命》"一人冕執劉"中的"劉"。殺戮會引起生命的凋殘，所以又引申爲"凋殘"，如《詩·大雅·桑柔》"捋采其劉"中的"劉"。又如"丘"的本義是小土山，如《商君書·徠民》"秦國四竟以內，陵阪丘隰，不起十年征"中的"丘"。著眼於外形的相似，引申爲墳墓，常"丘墓"、"丘隴"連用，如司馬遷《報任安書》"亦何面目複上父母之丘墓乎"中的"丘"。由小土山又引申爲廢墟，如屈原《九章·哀郢》"曾不知夏之爲丘兮"（夏：廈）中的"丘"。由小土山還引申爲古代田里區劃單位，那也是著眼於外形的相似，"阡陌"不就是田裏具體而微的小土山麼？如《周禮·地官·小司徒》"九夫爲井，四井爲邑，四邑爲丘"中的"丘"。

多義詞多個引申義"直接引申"的結果，便是使得本義同引申義的關係形成一種輻輳（射）式的狀態，如"劉"、"丘"的輻射式詞義關係狀態可以圖示爲：

"刘"的词义关系：　　　　　　"丘"的词义关系：

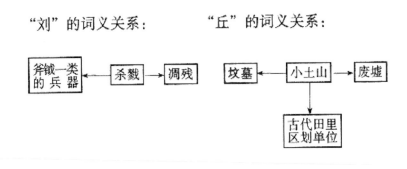

（2）間接引申 —— 鏈條式

　　所謂間接引申，是指一種連環套式的引申，即由本義派生出引申義之後，引申義又派生出引申義，前一個引申義是由本義直接引申而來，而後面的引申義則是由其前的引申義派生而來，它（們）同本義沒有直接關係，只有間接關係。"間接引申"由此得名，前人稱這種引申爲"輾轉爲他訓"。如"朝"的本義是早晨，如《詩·大雅·北山》"偕偕士子，朝（zhāo）夕從事"中的"朝"；由於臣子一般是在早晨拜見君王的，所以"朝"又引申爲"朝見"，如《韓非子·五蠹》"割地而朝（cháo）者三十有六國"中的"朝"；由"朝見"又引申爲"朝見的處所 —— 朝廷"，如《史記·蕭相國世家》"賜帶劍履上殿，入朝不趨"中的"朝"。由"朝廷"又引申爲一代君主統治的時期及朝代，如張籍《贈道士宜師》"兩朝侍從當時貴"中的"朝"。又如前面所引之例"引"，本義是開弓，開弓時要把弓弦拉長，所以引申爲延長；開弓時把箭導向後方，所以又引申爲引導；開弓是向後拉，所以又引申爲引退（例見前）。

　　多義詞多個引申義"間接引申"的結果，便是使得詞義之間的關係形成一種鏈條式的狀態，如"朝"、"引"的鏈條式詞義關係狀態可以圖示為：

　　“朝”的詞義關係：

　　早晨→朝見→朝廷→一代君主統治的時期，朝代

　　“引”的詞義關係：

　　開弓→延長→引導→引退

　　當然，更多的時候是，上述兩種引申方式交叉在一起，形成一種錯綜複迭的狀況。如前面所引的例子“寢”，本義是躺著睡覺，由此直接引申出橫臥的、臥病、臥室、息止等引申義。其中臥病義又引申出相貌醜陋這個意義，臥室又引申出寢廟的意義，息止又引申出扣住不發的意義。其錯綜之關係可以圖示為：

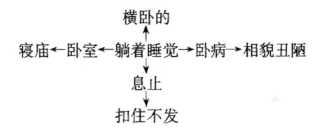

　　其中有直接引申，也有間接引申；既呈現輻射式狀態，也呈現鏈條式狀態。

3.詞義引申的規律

（1）由具體到抽象

　　詞義引申的規律之一是從具體到抽象，即本義往往是具體的，而引申義則逐漸趨向抽象。這種情形在古漢語詞義引申中比比皆是。如“階”的本義是臺階，《荀子・樂論》“三揖至於階”中的“階”即為本義。“臺階”是具體的事物。而由此引申出的。“根由，原因”和“憑藉”則是十分抽象的，前者如《國語・周

語》"夫婚姻，禍福之階也"中的"階"，後者如《漢書·異姓諸侯王表》"漢亡尺土之階……五載而成帝業"中的"階"。

有時候，詞義的由具體而抽象的過程並不像"階"一樣一步實現，而是有個過程。例如"漸（jiān）"的本義是水浸、浸染，如《詩·衛風·氓》"淇水湯湯，漸（jiān）車帷裳"（帷裳：車圍篷）中的"漸"，這是一個具體的意義；由此引申出水慢慢流入之義，如《尚書·禹貢》"東漸於海"中的"漸"；這同樣也是一個具體的意義。由水慢慢流入引申出漸進、逐步發展之義，如《宋史·范仲淹傳》"日夜謀慮興致太平，然更張無漸"中的。"漸"，這是一個抽象意義；由這個抽象意義引申出另一個更為抽象的意義逐漸、慢慢地，如白居易《與元九書》"年齒漸長"中的"漸"。

（2）由個別到一般。

詞義引申的規律之二是從個別到一般，即本義往往是表個別的事物，而引申義則逐漸擴展到表一般事物。如"籍"的本義是名冊、戶口冊，如《漢書·高帝紀》"蕭何盡收秦丞相府圖籍文書"中的"籍"；由此引申出"書籍"之義，如《漢書·藝文志》"皆滅去其籍"中的"籍"，這是一個泛化了的意義，"籍"的意義由個別走向了一般。又如"毫"的本義是長而尖銳的毛，《荀子·賦篇》"精微乎毫毛"中的"毫"；由此引申為極細小的東西，如《老子》"合抱之木，生於毫末"中的"毫"，"毫"的意義由表個別事物發展到表一般事物。

四、同義詞及其辨析

（一）同義詞的形成

我們在《簡明現代漢語教程》第四章中專門討論過現代漢語中同義詞的種種形成原因。這裏討論古代漢語同義詞的形成問題，除了可以參考上述的討論之外，有兩條特別需要強調：

（1）我國古代的優秀作家，爲了在文章中使刻畫的人物栩栩如生，抒發情感細膩入微，描繪自然景物狀貌逼真，闡述哲理深邃縝密，就往往要借助於一些同義詞，例如《觸龍說趙太后》"左師觸龍言願見太后"一段，先後使用了"趨、走、行、步"一組同義詞，這四個字都是用來描寫走路的，但表示走路的姿態、方式和速度卻有差異。"入而徐趨"的"趨"是快步走，"老臣病足曾不能疾走"的"走"是跑，"疾走"是快跑，"老婦恃輦而行"的"行"是走，"老臣今者殊不欲食，乃自強步"的"步"是慢慢走。這些同義詞的使用，傳神地描繪了人物動作的情態。

當然，同義詞的使用是受客觀事物本身的特徵制約的，人們生活周圍的同一類事物由於形狀和用途有差異，因而描繪這些事物的同義詞就不盡相同。例如，"囷"和"鹿"都是糧倉，但有細微的差別。《國語·吳語》："市無赤米，而囷鹿空虛。"韋昭注："員（圓）曰囷，方曰鹿。"就是說圓形糧倉叫做"囷"，方形糧倉叫做"鹿"。

（2）在我國奴隸社會和封建社會時期，統治階級常用同義詞來表示地位的高低和貴賤。例如"弑"和"殺"都當殺戮講，但"弑"一般只用於下殺上，包括子殺父、臣殺君等。如《史記·

高祖本紀》："項羽使人陰弒義帝江南。"而"殺"是指君殺臣、父殺子或普通人之間的殺戮。如《孟子·公孫醜下》："彼如曰，'孰可以殺之？'，則將應之曰：'爲士師則可以殺之。'" 又如，當時常用"崩"、"薨"等同義詞來表示死者的等級不同。古代帝王或王后死叫做崩。諸葛亮《出師表》："先帝知臣謹慎，故臨崩寄臣以大事也。" 王侯死叫做薨。《左傳·昭公三十二年》："魯文公薨而東門遂殺適立庶。"（東門遂：人名。適：嫡，正妻所生的兒子。）《禮記·曲禮》："天子死曰崩，諸侯曰薨，大夫曰卒，士曰不祿，庶人曰死。"

（二）同義詞的確定

古漢語中哪些詞是同義詞，不能光憑主觀推測，還應有一定的客觀依據，要用語言材料來證明。一般地說，屬於下列情形之一的，可以認爲是古漢語中的同義詞。

1.對　舉

在文言文或古代詩詞中，對舉是比較常見的，爲了對仗工整且避免出現相同的字，在相應的位置上時常運用一對對的同義詞，如：

①說西施之美無益于容，道堯舜之治無益於治。（《鹽鐵論·遵道》）

②商賈錯于路，諸侯交于道。（《鹽鐵論·通力》）

③言可聞而不可殫，書可觀而不可盡。（《法言·五百》）

④百川異源而皆歸於海，百家殊業而皆務於治。（《淮南子·氾論訓》）

⑤林中不賣薪，湖上不鬻魚。（《淮南子·齊俗訓》）

例①"說"、"道"對舉;例②"錯"、"交"對舉,"路"、"道"對舉;例③"殫"、"盡"對舉;例④"異"、"殊"對舉;例⑤"賣"、"鬻"對舉。這些對舉的詞分別構成同義詞。

2.異　文

異文是指同一內容而且結構相同的句子,在不同的書籍中,相應的詞不同。這不同的詞往往是同義詞(當然有時也有同音通假現象)。如:

①《左傳·僖公二十三年》:"公子怒,欲鞭之。"《國語·晉語四》:"公子怒,將鞭之。"

②《左傳·文西元年》:"楚國之舉,恒在少者。"《史記·楚世家》:"楚國之舉,常在少者。"

③《韓非子·十過》:"昔者黃帝合鬼神于泰山,駕象車而六蛟龍。"《論衡·紀妖篇》:"昔者黃帝合鬼神於西大山之上,駕象輿。"

④《史記·司馬相如列傳》:"會梁孝王卒。"《漢書·司馬相如傳》:"會梁孝王薨。"

⑤《史記·司馬相如列傳》:"故空借此三人為辭。"《漢書·司馬相如傳》:"故虛借此三人為辭。"

例①"欲"、"將",例②"恒"、"常",例③"車"、"輿",例④"卒"、"薨",例⑤"空"、"虛"均為異文。這些異文分別構成同義詞。

3.連　用

古漢語中的同義詞往往連用,久而久之便構成一個個的複音詞。若做逆向的思考,後來形成的不少複音詞在古漢語中多半是同義連用。如:

（1）疾病。《論語·子罕》："子疾病，子路使門人爲臣。"

（2）斧斤。《荀子·勸學》："是故質的張而弓矢至焉，林木茂而斧斤至焉。"

（3）墮落。《晉書·孟嘉傳》："有風至，吹嘉帽墮落而嘉不之覺。"

（4）曲折。《通典·州郡十三》："今縣北有山，曲折似巴字，因以爲名。"

（5）困厄。《楚辭·九思·悼亂》："仲尼兮困厄，鄒衍兮幽囚。"

例（1）"疾"、"病"，例（2）"斧"、"斤"，例（3）"墮"、"落"，例（4）"曲"、"折"，例（5）"困"、"厄"分別連用。這些連用的詞到了後來，構成了一個個複音詞。它們在現代是同義語素，在古代則是同義詞。

4.義　訓

在古代的注釋材料裏，相互詮釋的詞均爲同義詞。主要有以下四種情況：

（1）互訓。如《說文解字》："呻，吟也。""吟，呻也。"呻、吟互訓。"覺，寤也。""寤，覺也。"覺、寤互訓。"詈，罵也。""罵，詈也。"詈、罵互訓。"誠，信也。""信，誠也。"誠、信互訓。《爾雅·釋宮》："宮謂之室，室謂之宮。"宮、室互訓。

（2）同訓。如《說文解字》："諭，告也。""誥，告也。""詔，告也。"諭、誥、詔同訓爲告。"扶，佐也。""輔，佐也。"扶、輔同訓爲佐。又如《戰國策·中山策》高誘注："麗，美也。"《淮南子·說林訓》高誘注："佳，美也。"麗、佳同訓爲美。《爾雅·釋詁上》："適，往也。"《方言》卷一："嫁，往也。"適、嫁同訓爲往。

（3）單訓。如《說文解字》："賴，贏也。""賴"單訓爲"贏"。《說文解字》："貰，貸也。""貰"單訓爲"貸"。《集韻·淡韻》："撿，束也。""撿"單訓爲"束"。《漢書·王莽傳上》顏師古注："檢，局也。""檢"單訓爲"局"。

（4）遞訓。如《說文解字》："遭，遇也。""遇，逢也。"遭、遇、逢遞相爲訓。《說文解字》："適，之也。"《爾雅·釋詁上》："之，往也。"適、之、往遞相爲訓。《說文解字》："更，改也。"《國語·魯語下》韋昭注："改，易也。"《淮南子·脩務訓》高誘注："易，革也。"更、改、易、革遞相爲訓。

（三）同義詞的辨析

1.詞義的內涵有別

"饑"和"饉"都表示農業上的災荒，但兩者有內涵上的細微差異：饑指的是五穀沒有收成，饉指的是蔬菜欠收。又如"乏"和"困"均表物資財富的短缺，但兩者內涵上也有差異：乏，指的是衣食財用缺乏。《戰國策·齊策》"齊人有馮諼者，貧乏不能自存"中的"乏"便是此義。"困"指因財物缺少而陷於困窘境地，如《論語·堯曰》"四海困窮，天祿永終"中的"困"。又如"府"和"庫"都指收藏東西的庫房，但兩者內涵上有區別：府是收藏文書和財物的庫房，庫是收藏兵器和車輛的庫房。所以《呂氏春秋·分職》"葉公入，乃發太府之貨予眾，出高庫之兵以賦民"中的"府"、"庫"不能互換。

　　古代漢語有些詞用於泛指和特指時，表示的意義有區別。清代學者段玉裁把"泛指"叫做"渾言"，把"特指"叫做"析言"。"皮"和"革"用於泛指時，二者意義相同，用於特指就有細微差別："皮"是指有毛的。如《左傳·僖公十四年》："皮之不存，毛將安傅？""革"是指去毛的。如《詩，召南，羔羊》："羔羊之革。"《左傳，隱公五年》："杞、梓、皮、革。"孔穎達《正義》："有毛爲皮，去毛爲革。"禾，用於泛指，是穀類的統稱。《尙書·金滕》："禾則盡起。"用於特指就專指粟（即今之小米）。《左傳·隱公三年》："秋，又取成周之禾。"

2.詞義的輕重程度有別

　　"問、訊、詰"都含有"問"的意思，但詞義的輕重程度有別。"問"的程度最輕，表一般的詢問，如《史記·晏嬰列傳》："晏子怪而問之。""訊"的程度略重於"問"，表一種在意的有所目的的詢問，或叫審問，如鄒陽《獄中上梁王書》："卒從吏訊。"（卒：終於）"詰"的程度最重，是一種咄咄逼人的追問、責問，如《左傳·襄公二十五年》："士莊伯不能詰。"又如"疾"和"病"都表示生病，但是它們表示的深淺程度不同。"疾"是一般的生病，如《韓非子·喻老》："扁鵲見蔡桓公，立有間，扁鵲曰：'君之疾在腠理，不治將恐深。'桓侯曰：'寡人無疾。'""病"是重病，如上引《喻老》後文："居十日，扁鵲複見，曰：'君之病在肌膚，不治將益深。'""饑"和"餓"都表示餓。詞義輕重程度不同。"饑"是一般的餓，指吃不飽，程度輕。《孟子·梁惠王上》："百畝之田，勿奪其時，數口之家可以無饑矣。""餓"是嚴重的饑餓，指根本沒有飯吃，面臨著死亡的威脅，程度重。《左傳·宣公二年》："見靈輒餓，問其病，曰：'不食三日矣。'"《韓非子·飾邪》："家有常業，雖饑不餓。"是說雖然吃不飽，但還沒有到餓死的地步。

3.詞義適用範圍的差異

如"皮"和"膚"是同義詞，但"皮"多指動物的表皮，而"膚"則指人的皮膚，前者如《詩·鄘風·相鼠》"相鼠有皮，人而無儀"中的"皮"，後者如《詩·衛風·碩人》"手如柔荑，膚如凝脂"中的"膚"，兩者不可替換。又如"口"和"嘴"也是同義詞，但適用範圍也有別，"嘴"，專指鳥類的，而"口"才用來指人的，所以《孟子·告子》"口之於味，有同耆也"中的"口"不能換成"嘴"。

4.詞的語法功能的差異

有些詞，詞義基本相同，但語法功能上存在細微的差異。如"畏"和"懼"均爲動詞，均指害怕、恐懼，但"畏"爲及物動詞，常帶賓語，如《商君書·錯法》："不畏強暴。"而"懼"爲不及物動詞，一般不帶賓語，如《論語·子罕》："勇者不懼。"有時"懼"後也能帶賓語，不過這是一種使動用法，如《老子》："民不畏死，奈何以死懼之？"其中的"懼之"即"使之懼"。又如"之"、"適"、"往"均爲動詞，均表從甲地到乙地去的意思，但三者的語法功能則有所不同。其中"之"和"適"必須帶處所賓語，如《孟子·告子下》："宋牼將之楚，孟子遇于石丘。"《詩·魏風·碩鼠》："逝將去汝，適彼樂土。"而"往"則一般不帶處所賓語，如《左傳·隱公元年》："豫請往，公弗許，遂行。""之"的賓語往往可以前置，如《孟子·梁惠王上》："牛何之？"而"適"的賓語一般不前置。

5.詞義感情色彩的差異

有些同義詞的意義差異主要表現在感情色彩上。如"征"和"伐"都表軍事進攻，但"征"具有褒義色彩，一般指在上者進攻在下者，有道者進攻無道者，如《左傳·僖公四年》："五侯九伯，汝實征之，以夾輔周室。"而"伐"不具褒貶色彩，如《左傳·莊公十年》："齊師伐我，公將戰。"其中的"伐"不能換作"征"。又如"媼"和"嫗"均指老年婦女，但"媼"則帶有尊敬的感情色彩，如《戰國策·趙策》："老臣以爲媼爲長安君計短也。"而"嫗"則不帶有"媼"的這種色彩，如《史記·滑稽列傳》："即使吏卒共抱大巫嫗投之河中。"例中的"嫗"斷斷不能換作"媼"。又如"若"、"汝"、"爾"均爲第二人稱代詞，表"你"或"你們"。"若"爲一般稱呼，不具有什麼色彩，如《史記·陳涉世家》："若爲傭耕，何富貴也？"而"汝"、"爾"則時常帶有輕視或不尊重的感情色彩，如《列子·湯問》："汝心之固，固不可徹。"（徹，通）《左傳·僖公三十年》："爾何知！中壽，爾墓之木拱矣。"

綜合練習

一、單項選擇題

1.古代漢語詞彙的特點之一是（　　）。

　　A.以雙音詞爲主　　B.以單音詞爲主

　　C.以聯綿詞爲主　　D.以偏義複詞爲主

2.聯綿詞中兩個字（　　）。

　　A.均表義　　B.均不表義

　　C.一個表義，一個不表義　　D.合在一起才能表義

3.“逶迤”是（　　）聯綿詞。

　　A.雙聲　　B.疊韻　　C.雙聲兼疊韻　　D.非雙聲疊韻

4.偏義複詞中兩個構詞成分（　　）。

　　A.均表義　　B.均不表義

　　C.合在一起才能表義　　D.一個表義，另一個不表義

5.“晝夜勤作息”中的“作息”是（　　）。

　　A.單純詞　　B.聯綿詞　　C.偏義複詞　　D.反訓詞

6.“布”由專指“麻布”到泛指一切棉、麻織物，是屬於（　　）。

　　A.詞義的縮小　　B.詞義的擴大　　C.詞義的轉移　　D.詞性的變化

7.“錢”由“農具”義產生出“貨幣”義，是屬於（　　）。

　　A.詞義的擴大　　B.詞義的縮小　　C.詞性的變化　　D.詞義的轉移

8. "是猶無魚而爲魚罟也。"（《墨子‧公孟》）中的"罟"用的是（　　）。

　　A.本義　B.引申義　c.比喻義　D.假借義

9. "便扶向路，處處志之。"（陶潛《桃花源記》）中的"扶"用的是（　　）。

　　A.本義　B.假借義　C.比喻義　D.引申義

10. 詞義引申的規律之一是（　　）。

　　A.從個別到一般　B.從一般到個別

　　C.從具體到個別　D.從抽象到具體

二、判斷正誤，並說明理由

1. 確定聯綿詞是否屬於雙聲疊韻，應該按照古音作爲標準來確定。（　　）

2. "懷怒未發，休祲降於天。"（《戰國策‧魏策》）中的"休祲"爲偏義複詞，其中"祲"無義。（　　）

3. 詞義的發展演變過程中，一般認爲詞義的擴大較爲常見，而詞義的縮小則數量有限。（　　）

4. 古代漢語中多義現象沒有單義現象來得普遍。（　　）

5. 詞義的引申方式可以分爲直接引申和間接引申兩種。前者俗稱鏈條式，後者俗稱輻射式。（　　）

6. "商賈錯于路，諸侯交于道"中"錯"、"交"異文，所以可以認爲是古漢語中的同義詞。（　　）

7. 《說文解字》："呻，吟也。""吟，呻也。"是爲同訓。（　　）

8. 《說文解字》："適，之也。"《爾雅，釋詁上》："之，往也。"是爲遞訓。（　　）

9.同義詞"饑"和"餓"的不同主要是語法功能的不同。（　　）

10.同義詞"笑"和"哂"的不同主要是感情色彩有別。（　　）

三、問答題

1.古今詞義的差異主要有幾種情況？舉例說明。

2.什麼是聯綿詞？聯綿詞有哪幾種類型？試舉例說明。

3.古今詞義發展變化的途徑有哪些？舉例說明。

4.什麼是引申義？詞義引申的方式有幾種？詞義引申的規律有哪些？舉例說明。

四、解釋下列各句中加點詞的詞義

1.齊國雖褊小，吾何愛一牛？（《孟子·梁惠王上》）

2.鄭人擊簡子，斃于車中。（《左傳·哀公二年》）

3.不虞君之涉吾地也，何故？（《左傳·僖公四年》）

4.君若以力，楚國方城以為城，漢水以為池，雖眾，無所用之。（《左傳·僖公四年》）

5.聽事前除，雪後猶濕。（《世說新語·政事》）

6.將使歸糞除宗祧以來君。（《左傳·昭公三十一年》）

7.大王失職人漢中，秦民無不恨者。（《史記·淮陰侯列傳》）

8.陽虎去齊走趙。（《韓非子·外儲說左下》）

9.梗陽人有獄，魏戊不能斷。（《左傳·昭公二十八年》）

10.因欲通使，道必更凶奴中。（《史記·大宛列傳》）

11.數使使趣齊兵，欲與俱西。（《史記·項羽本紀》）

12.先生王鬥，造門而欲見齊宣王。（《戰國策·齊策》）

13.禹惡旨酒而為善言。（《孟子·離婁下》）

14.又不能字人之孤而殺之。（《左傳·成公十一年》）

15.食人炮骨，士無反北之心。（《戰國策·齊策》）

16.既東封鄭，又欲肆其西封。（《左傳·僖公三十年》）

17.歲月不居，時節如流。（孔融《與曹公論盛孝章書》）

18.明足以察秋毫之末，而不見輿薪。（《孟子·梁惠王上》）

19.於是乘其車，揭其劍，過其友。（《戰國策·齊策》）

20.夏，楚子使屈完如師。（《左傳·僖公四年》）

第三章 語 法

一、詞類的活用

（一）詞類活用的含義

古漢語中某一個詞屬於某一詞類一般是比較固定的，各類詞在句子中充當什麼成分也有一定的分工，如名詞經常做主語（或主語中心語）、賓語（賓語中心語）和定語，動詞經常做謂語（或謂語中心語），形容詞經常做定語、狀語和謂語（謂語中心語），等等。但是文言文中有些詞卻可以按照一定的語言習慣靈活運用──由甲類詞暫時用做乙類詞，這種現象就叫"詞類活用"。詞類活用是通過一定的語法結構來體現的，離開了語言環境，離開了短語或句子，也就無所謂"活用"。

（二）名詞活用做動詞及其今譯

名詞活用如動詞，在古漢語中是極爲常見的語法現象之一。名詞活用如動詞是指名詞在其本義轉化情況下的活用，就是說在名詞原來的意義上，再增加表示動作的臨時意義。名詞一旦活用爲動詞，它就有一般動詞具有的語法功能，例如：能充當句子的謂語，也能帶上賓語，受狀語、補語的修飾、補充說明，等等；但是，它又和一般動詞有所不同：動詞僅表示某一動作行爲，而名詞活用如動詞，則兼有這個名詞原來所指稱的事物（名詞意義）及跟這個名詞有關的動作行爲（動詞意義）兩方面的意思。不過，離開特定的語言環境，臨時做動詞用的意義也就隨之消失，仍還原爲本來的名詞意義。因此，必須跟一些兼類詞嚴格區別開來。例如《送東陽馬生序》"余幼時即嗜學，家貧，無以致書以觀"的"書"是名詞，而《史記·陳涉世家》"乃丹書帛曰'陳勝王'"的"書"是動詞，兩個"書"分屬於不同的兩類詞，"書"是兼類詞。

　　古漢語中名詞活用如動詞的情況很複雜，究竟哪些名詞可以活用爲動詞，哪些不能，並沒有規律可循，這完全取決於古代的語言習慣。我們判別一個名詞在句子中是否活用爲動詞，主要從整個句子的意思去斟酌，同時注意它在句子中所處的地位，以及構成什麼樣的句法關係。離開了語法結構，離開了短語或句子，孤單單的一個名詞是沒法判斷它是否活用爲動詞的，只有在特定的語言環境中才能識別。例如下邊句子中的名詞"衣"：

　　①人不食十日則死，大寒之隆不衣亦死。（《韓非子·定法》）

　　②乃使其從者衣褐，懷其璧，從徑道亡。（《史記·廉頗藺相如列傳》）

　　③裂裳衣瘡，手注善藥。（柳宗元《段太尉逸事狀》）

　　例①的"衣"受副詞"不"的修飾，在句子中充當謂語，所以活用爲動詞，對譯爲"穿衣"；例②的"衣"帶有賓語"褐"，所以活用爲動詞。"褐"，粗布衣；活用爲動詞的"衣"可對譯成"穿"；例③的"衣"帶賓語"瘡"，所以也活用爲動詞，對譯成"用衣片包裹"。

　　名詞活用如動詞的今譯規律歸納起來大致有以下七條（包括

名詞用作使動、意動和爲動的翻譯方法）：

1. "V+名詞"式

這一類譯法是指某一名詞用如動詞時，譯者要在這個名詞的前面增添一個動詞 V，讓這個名詞做 V 的賓語，使之形成 "V+名詞"式，即動賓短語，從而完成對譯。這種譯法一般是在活用如動詞的名詞不帶賓語的情況下所採用的方法。對譯的動賓短語一定要符合現代漢語的習慣，所以動詞 v 的選擇必須恰當。

用 "V+名詞"式去對譯活用如動詞的名詞，在具體操作時，又可以分爲以下幾種情況。第一種情況是保留活用如動詞的那個單音節名詞不譯，爾後選擇一個單音節動詞或動詞語素置於其前，構成動賓短語或動賓式合成詞，從而完成對譯。例如：

①離法者罪。（《韓非子·五蠹》）

—觸犯刑法的要治罪。

"罪"不帶賓語，所以可以在它之前增添一個單音節動詞 "治"，構成動賓短語 "治罪"，以此對譯。

②貧生於不足，不足生於不農。（晁錯《論貴粟疏》）

——貧困產生於衣食不足，衣食不足產生于不務農。

"農"，不帶賓語，可譯成 "務農"，"務"即爲選添的 V。

③小信未孚，神弗福也。（《左傳·莊公十年》）

——一點點誠心不能得到神的信任，神靈不會賜福給你：

"福"，不帶賓語，可譯成 "賜福"。"賜"即選添的 v：

④假舟楫者，非能水也，而絕江河。（《荀子·勸學》）

——利用船和槳的，雖然不能游水，卻能橫渡江河。

"水"，不帶賓語，可譯成 "游水"。"遊"即選添的 V。

⑤竇太后曰："皇后兄王信可侯也。"（《史記·絳侯周勃

世家》）

　　—— 竇太后說："皇后的哥哥王信可以封侯。"

　　"侯"，不帶賓語，可譯成"封侯"。"封"即選添的 V。

　　⑥一畝之稼，則糞溉者先芽。（《夢溪筆談·采草藥》）

　　—— 同一畝田地的莊稼，施肥澆水的就先發芽[1]。

　　"芽"，不帶賓語，可譯成"發芽"。"發"即選添的 V。

　　⑦如今之紫草，未花時采，則根色鮮澤。（《夢溪筆談·采草藥》）

　　—— 像現在的紫草，沒有開花時採摘，那麼根部的顏色新鮮滋潤。

　　"花"，不帶賓語，可譯成"開花"。"開"即選添的 V。

　　⑧而此獨以鐘名，何哉？（蘇軾《石鐘山記》）

　　—— 可是這座山單單用"鐘"取名，爲什麼呢？

　　"名"，不帶賓語，可譯成"取名"。"取"即選添的 V。

　　有時候可以保留的這個單音節名詞在現代漢語中已被另一個單音節名詞取代，對譯時，先得完成名詞的轉換，然後再在名詞前增添動詞 V。例如：

　　①妃嬪媵嬙，王子皇孫，辭樓下殿，輦來于秦。（杜牧《阿房宮賦》）

　　—— 列國的貴妃、宮娥、公主和王姬，離開了自家的瓊樓寶殿，乘車來到秦國。

　　"輦"，今已不用，故而先得轉換成現代漢語中與之對應的

---

1 大陸高中語文課本第二冊對"糞溉者先芽"的"糞溉"注爲"用糞澆灌。"，不切。"糞溉"應譯爲"施肥和灌溉"，其中"糞"不是名詞用作狀語，而是活用如動詞。

"車"，然後再按"V+名詞"式對譯爲"乘車"。（《夢溪筆談·采草藥》）

②朔漠則桃李夏榮。

—— 北方則桃樹、李樹夏天開花。

"榮"，先得轉換成"花"，然後再按"V+名詞"式對譯爲"開花"。

第二種情況是先要把文言文中的單音節"名詞"譯成相應的複音詞，使它符合現代漢語的習慣，然後在名詞前增添動詞 V，從而完成對譯。其中 v 可以是單音節的也可以是雙音節的，視具體情況而定，例如：

①諸越則桃李冬實。（《夢溪筆談·采草藥》

—— 南方則桃樹、李樹冬天結果實。

"實"，可譯成"果實"，然後再添加動詞"結"，從而譯爲"結果實"。

②秦人聞之，悉甲而至。（《史記·廉頗藺相如列傳》）

—— 秦軍聽到後，全部穿了鎧甲趕到。"甲"，先譯成"鎧甲"，再添加動詞"穿"，從而對譯爲"穿鎧甲"（或"披掛鎧甲"）。

③今京不度，非制也。（《左傳·隱公元年》）

—— 現在京這個城不合（先王的）法度，不是（先王的）規制。

"度"，先譯成"法度"。再添加動詞"合"，從而對譯爲"合法度"。

以上添加的 V 是單音節的。

④王亦能軍。（《左傳·桓公五年》）

—　（周桓）王也善於指揮軍隊。

“軍”，先譯成“軍隊”，再添加動詞“指揮”從而對譯為“指揮軍隊”。

⑤後世之謬其傳而莫能名者，何可勝道也哉！（王安石《遊褒禪山記》）

—　後代弄錯了傳聞，而沒有人能夠知道原名的，哪里能舉得完呢？

“名”，先譯成“原名”，再添加動詞“知道”，從而對譯為——知道原名”。

以上添加的 v 是雙音節的。

上述是名詞用如動詞、後面不帶賓語時翻譯成動賓短語或動賓式合成詞的一般情況。至於動詞是單音詞還是複音詞，賓語是單音詞還是複音詞，則沒有一定的規律可循，完全由現代漢語的構詞特點和語言習慣所決定的。

名詞用如動詞，後面不帶賓語時可對譯成動賓短語或動賓式合成詞，這是一條規律。另外，活用如動詞的名詞後若帶有其他成分，如介詞短語做補語（有時介詞還省略），只要不是賓語，也用動賓短語對譯，方法跟前面類似。例如：

①凡吏於土者，若知其職乎？（柳宗元《送薛存義序》）

—　所有在地方上做官的，你知道他們的職責嗎？

“吏於土”為動補短語。“吏”，名詞活用如動詞，可譯成“做官”。

②秦軍軍武安西。（《史記·廉頗藺相如列傳》）

—　秦國的軍隊在武安西面駐紮。

“軍武安西”為動補短語，其中省略介詞“於”　—　當作

"軍于武安西"。"軍",名詞活用如動詞,可譯成"駐紮"。

　③禁卒居中央,牖其前以通明。（方苞《獄中雜記》）

　—— 看守們住在當中一間,在前面牆上開窗用來透光。

　"牖其前"爲動補短語,也省略了介詞"於" —— 當作"牖於其前"。牖,窗戶,名詞活用如動詞,可譯成"開窗"。

　④唐浮圖慧褒始舍於其址,而卒葬之。（王安石《遊褒禪山記》）

　—— 唐代慧褒和尚才在那山上建築房舍,死後又埋葬在那裏。

　"舍於其址"爲動補短語。舍,名詞活用如動詞,可譯成"建築房舍"。

　⑤與其餓死道路,爲群獸食,毋寧斃于虞人,以俎豆於貴家。（馬中錫《中山狼傳》）

　—— 與其餓死在路上,被一群野獸吃掉,還不如被獵人殺死,而當作貴族人家盤裏碗裏的食品。

　"俎豆於貴家"爲動補短語。"俎豆",原是古代祭祀時盛放食物祭品的器具,這裏活用如動詞,可譯成"當作食品"。

　當活用如動詞的名詞做句子的謂語中心時,有時會遇到一種情況:活用如動詞的名詞後似乎緊跟著賓語,但這個賓語又不受動詞的支配,它只是動詞所表示的動作行爲的對象,實際上應該加上適當的介詞去理解,構成動補關係。在這種情況下還是得譯成相應的動賓短語。例如:

　①性貪而狠,黨豺爲虐,君能除之,固當竊左足以效微勞。（馬中錫《中山狼傳》）

　—（狼）本性貪婪而且兇狠,與豺結黨作害,您能除掉它,我當然應該邁步爲您盡一點微薄的力量。

　　"党豺"，應理解爲"党於豺"，動補關係。今譯時補語提到活用的名詞"黨"之前，做狀語，即"與豺結黨"。"党"，譯成"結黨"。

　　②賓客飲者醉，更溺睢。（《史記·范睢蔡澤列傳》）

　　── 賓客喝醉了，輪換著向范睢撒尿。

　　"溺睢"，應理解爲"溺于睢"，動補關係。今譯時補語提到活用的名詞"溺"之前，做狀語，即"向范睢撒尿"。"溺"，譯成"撒尿"。

　　③塞者鑿之，陡者級之。（徐宏祖《游黃山日記》）

　　── （山路）阻塞的把它鑿通，陡峭的在上面鑿石級。

　　"級之"，應理解爲"級於之"，動補關係。今譯時補語應提到活用名詞"級"之前，做狀語，即"在上面鑿石級"。"級"，譯成"鑿石級"。

　　④其上聞及移關諸部，猶未敢然。（方苞《獄中雜記》）

　　── 那些奏給皇帝和各部遞送的公文，還不敢這樣做。

　　"移關諸部"，應理解爲"移關於諸部"，動補關係。今譯時補語提到活用的名詞"移關"之前做狀語，即"給各部遞送公文"。"移文"，指平行機關來往的公文，譯成"遞送公文"。

　　由上面的實例可以看出，活用如動詞的名詞，跟著的不是一般賓語，而是表示動作行爲對象的補語，今譯時要增添一個介詞去理解，並把介詞短語移到活用如動詞的那個名詞之前做狀語，所以活用如動詞的名詞要今譯成動賓短語。

　　2. "名詞→V"式

　　有些名詞活用如動詞，今譯時不必在活用的名詞之前增加動詞 v，直接對譯成 v 就行了。這類活用名詞的特點是後面帶有賓語。翻譯起來有兩種情況：第一種是活用名詞的本來意義和賓語的意義一致，今譯時就直接把這個活用名詞的動作意義表達出來；第二種是活用名詞本來意義和賓語的意義不一致，今譯時就要根據上下文的語言環境引申出與賓語相配的動詞，從而把活用名詞的動作意義表達出來。例如：

①從弟子女十人所，皆衣繒單衣，立大巫後。（《史記·滑稽列傳》）

—— 跟隨她的女徒弟有十來個，都穿絲綢單衣，站在大巫婆身後。

"衣繒單衣"，第一個"衣"活用如動詞。"繒單衣"是"衣"的賓語。活用名詞"衣"的本來意義是"衣服"，和賓語的意義相一致，所以可直接對譯為動詞"穿"。

②（孔子）冠枝木之冠。（《莊子·盜跖》）

—— 孔子戴著枝木帽子。

"冠枝木之冠"，第一個"冠"活用如動詞，"枝木之冠"是它的賓語。活用名詞"冠"的本來意義是"帽子"，和賓語的意義相一致，所以可直接對譯為動詞"戴"。如果賓語是帽子的名稱之類，則前面的"冠"活用如動詞時也譯成"戴"。例如《楚辭·九章·涉江》"帶長鋏之陸離兮，冠切雲之崔嵬"中的"冠切雲"，今譯為"戴切雲帽"。

③商君亡至關下，欲舍客舍。（《史記·商君列傳》）

—— 商鞅逃亡到邊境的一個關口，想要投宿旅館。

"舍客舍"，第一個"舍"活用如動詞。"客舍"是"舍"的賓語。活用名詞"舍"的本來意義是"旅館"、"屋舍"，和賓語的意義相一致，所以可直接對譯為動詞"投宿"、"住宿"。

以上是第一種情況。

④趙王鼓瑟。（《史記·廉頗藺相如列傳》）

—— 趙王彈瑟。

"鼓瑟"，名詞"鼓"活用爲動詞；"瑟"是"鼓"的賓語。活用名詞"鼓"和賓語"瑟"的本來意義是不一致的，所以要根據上下文的語意去推敲。"瑟"是彈撥樂器，所以可直接對譯爲"彈瑟"。

⑤寡人雖亡國之餘，不鼓不成列。（《左傳·僖公二十二年》）

—— 我雖是亡國者的後代，但決不進攻沒有擺成陣勢的敵人。

"鼓不成列（者）"，名詞"鼓"活用如動詞，"不成列（者）"是"鼓"的賓語。活用名詞"鼓"和賓語"不成列（者）"的本來意義不一致。所以要根據上下文的語意去推敲。"不成列（者）"是指敵人，所以"鼓"應直接對譯爲"進攻"或"攻擊"。"鼓"的作用，古代作戰中在於指示進軍，發動攻擊，這裏正是鳴鼓進軍的意思。

⑥武氣絕半日複息。惠等哭，輿歸營。（《漢書·李廣蘇建傳》）

—— 蘇武斷了氣半天後又復蘇。常惠等人痛哭，抬著他回營。

"輿"，活用如動詞，它的賓語是省略了的"之"，指代蘇武。活用名詞"輿"和賓語"之"的本來意義是不一致的，所以要根據上下文意去推敲。"輿"，原指轎子，它是由人力抬的，所以可直接譯爲"抬"。

以上是第二種情況。

採用"名詞→V"式還有一些特殊的情況應該注意。有時，活用的名詞後帶上意義不一致的賓語，但這個活用名詞的本來意義和主語一致，今譯時只要把這個名詞活用後的動作意義表達出來就行；有時，活用名詞和賓語的意義不一致，但產生的動作意義卻是一致的，今譯時也只要把這個動作意義表達出來。例如：

①春風風人，夏雨雨人。（《說苑·貴德》）

—— 春風吹拂人，夏雨淋著人。

"春風風人"，第二個"風"活用如動詞。"人"是"風"的賓語，兩者的意義本來不一致，但"風"和主語"春風"的意義是一致的，所以用"吹拂"直接對譯。"雨"字的用法相同。

②冬雷震震，夏雨雪。（《樂府詩集·上邪》）

—— 冬天雷聲震震，夏天下起雪。"雨"，活用如動詞。"雪"是"雨"的賓語，兩者本來的意義不一致，但產生的動作意義"下"是一致的。

3. "P+名詞+V"式

"P"指介詞。有些名詞表示動作行為所憑藉的工具、器官，有些名詞表示動作行為的方式方法。這些名詞活用如動詞，今譯時先要在這個名詞之前加上一個介詞，讓活用的名詞同介詞組成介詞短語"P+名詞"，然後再在介詞短語後增添相應的動詞"v"，構成"P+名詞＋v"式，從而完成對譯。這類名詞活用如動詞的特點也是後面帶賓語。翻譯起來大致有四種情況。先看第一種情況，例如：

①莊公升壇，曹子手劍而從之。（《公羊傳·莊公十三年》）

—— 魯莊公登上土壇，曹沫用手拿著寶劍跟隨在後面。

"手"，這裏活用如動詞，後面帶賓語"劍"，譯成"用手拿"。"用"是添加的介詞，"手"是活用名詞，"拿"是增添的動詞。

②於是太子犯法。衛鞅曰："法之不行，自上犯之。"將法
太子。（《史記·商君列傳》）

—— 這時候太子犯了法。商鞅說："新的法令不能推行，是
由於上層犯法的緣故。"要想依法懲辦太子。

"法"，這裏活用如動詞，後面帶賓語"太子"，譯成"依
法懲辦"。"依"是添加的介詞，"法"是活用的名詞，"懲辦"
是增添的動詞。

③單父人呂公善沛令，避仇從之客，因家沛焉。（《史記·
高祖本紀》）

—— 單父縣人呂公，跟沛縣的縣令更好，爲了躲避仇人到縣
令家裏作客，後來就把家安置在沛縣。

"家"，這裏活用如動詞，後面帶賓語"沛"，譯成"把家
安置"。"把"是添加的介詞，"家"是活用名詞，"安置"是
增添的動詞。

④朱亥袖四十斤鐵椎，椎殺晉鄙。（《史記·信陵君列傳》）
—— 朱亥在袖裏藏著四十斤重的鐵錘，用鐵錘擊死晉鄙。

"袖"，這裏活用如動詞，後面帶賓語"鐵椎"，譯成"在
袖（裏）藏（著）"。"在"是添加的介詞，"袖"是活用的名
詞，"藏"是增添的動詞。

⑤兒每聞母笑語，輒起火之。（《聊齋志異·賈兒》）
—— 孩子每次聽到母親的笑語聲，總是起來用火照她。

"火"，這裏活用如動詞，後面帶賓語"之"，指代"母"
"火"譯成"用火照"，"用"是添加的介詞，"火"是活用的
名詞，"照"是增添的動詞。

這一類活用如動詞的名詞今譯的規律是活用的名詞保留不

譯，前面添加相應的介詞，後面增添對應的動詞。

　　第二種情況是先將活用的名詞譯成相應的現代語詞，然後按第一種情況翻譯。例如：

　　①乃丹書帛曰："陳勝王"，置人所罾魚腹中。（《史記·陳涉世家》）

　　—— 就用朱砂在綢子上寫了"陳勝王"三個字，放進別人用魚網捕得的魚肚子裏。

　　"罾"，魚網。這裏活用如動詞，後面帶賓語"魚腹"，譯成"用魚網捕"。"用"是添加的介詞，"魚網"便是活用的名詞"罾"的今譯，"捕"是增添的動詞。

　　②范增數目項王。（《史記·項羽本紀》）

　　—— 範增多次用眼睛示意項王。

　　"目"，眼睛。這裏活用如動詞，後面帶賓語"項王"，譯成"用眼睛示意"。"用"是添加的介詞，"眼睛"是活用的名詞"目"的今譯，"示意"是增添的動詞。

　　③尉果笞廣。（《史記·陳涉世家》）

　　—— 軍官果然用竹板敲打吳廣。

　　"笞"，竹板。這裏活用如動詞，後面帶賓語"廣"，譯成"用竹板敲打"。"用"是添加的介詞，"竹板"是活用的名詞的今譯，"敲打"是增添的動詞。

　　第三種情況是有的名詞活用如動詞時，用的是它的引申義，而非本義，所以今譯時先得把活用的名詞的引申義給譯出來，然後再按一種方法翻譯。例如：

　　①左右欲刃相如。（《史記·廉頗藺相如列傳》）

　　—— 秦王的侍從想要用刀子殺害藺相如。

"刀"，原指刀口、刀鋒，這裏引申爲"刀"，譯成"用刀子殺害"。"用"是添加的介詞，"刀子"是活用的名詞"刃"的引申義，"殺害"是增添的動詞。

②問之，果有楊大年。執而械之，遂伏其罪。（《聊齋志異·陸判》）

—— 問他，果然有個楊大年的。（官府）逮捕了他並用刑具拷問，於是楊大年承認（殺人）罪行。

"械"，原指桎梏，即腳鐐手拷，這裏引申爲"刑具"，譯成"用刑具拷問"。"用"是添加的介詞，"刑具"是活用的名詞"械"的引申義，"拷問"是增添的動詞。

第四種情況是方位名詞活用如動詞，今譯時除了可採用"P+名詞+V"的形式外，還可以採用"V+P+名詞"的形式。

方位名詞活用如動詞時一般不帶賓語，這和一般名詞活用如動詞，後面不帶賓語，可今譯成"V+名詞"的形式是不同的。例如：

①王曰："吾亦欲東耳，安能鬱鬱久居此乎？"（《史記·淮陰侯列傳》）

—— 漢王說："我也想往東方去，怎麼能夠悶悶不樂地長期居住在這裏呢？"

"東"，譯成"往東方去"。"往"是添加的介詞，"東方"是活用的方位名詞"東"的今譯，"去"是增添的動詞。

②善者入門而左，不善者入門而右。（《韓非子·外儲說左下》）

—— 認爲善的人進門往左邊走，認爲不善的人進門往右邊走。

"左"，譯成"往左邊走"。"往"是添加的介詞，"左邊"

是活用的方位名詞"左"的今譯，"走"是增添的動詞。"右"，今譯類此。

③日漸暮，邃前其足，手向後據地，坐而下脫。（徐宏祖《游黃山日記》）

—— 天色漸漸暗下來，就把自己的腳向前伸出，手向後撐著地面，坐著往下挪動。

"前"，譯成"向前伸出"。"向"是添加的介詞，"前"是活用的方位名詞，"伸出"是增添的動詞。

④語曰："日中則移，月滿則虧。"（《史記·范睢蔡澤列傳》）

—— 諺語說："太陽運行到天空正中就要向西移動，月亮圓滿後就要逐漸虧損。"

"中"，譯成"運行到（天空）正中"。"運行"是增添的動詞，"到"是添加的介詞，"正中"是活用的方位名詞"中"的今譯。

⑤騏驥之衰也，駑馬先之。（《戰國策·齊策》）

—— 良馬衰遲，劣馬跑在它的前面。

"先"，譯成"跑在先（前面）"。"跑"是增添的動詞，"在"是添加的介詞，"先"是活用的方位名詞。

上面①②③例是按"P+名詞+V"的形式翻譯的，介詞短語做狀語；④⑤是按"V+P+名詞"的形式翻譯的，介詞短語做補語。

4."N+名詞"式

N 指名詞。有些名詞活用如動詞時可按這個活用名詞的重疊形式，即"N+名詞"式去理解，其中前一個是活用如動詞的名詞，後一個是普通名詞，兩者今譯後為動賓關係。這些活用名詞大多與人們的衣食住行有著密切的關係，如衣、冠、使、乘、寢等。例如：

①孟嘗君怪其疾也，衣冠而見之。（《戰國策·齊策》）

—— 孟嘗君奇怪他回來這麼快，（忙著）穿衣戴帽接見他。"衣冠"，應理解爲"衣衣冠冠"。第一個"衣"和"冠"即活用如動詞的名詞"N"，第二個"衣"和"冠"是普通名詞。譯成動賓關係就是"穿衣"和"戴帽"。

②楚子使屈完如師。（《左傳·僖公四年》）

—— 楚子派遣代表屈完到齊國的部隊去。"使"，應理解爲"使使"。第一個"使"即"N"，第二個"使"爲名詞。譯成動賓關係就是"派遣代表"。

③公與之乘。（《左傳·莊公十年》）

—— 魯莊公和他共坐一輛戰車。

"乘"，應理解爲"乘乘"。第一個"乘"即"N"，第二個"乘"爲名詞。譯成動賓關係就是"坐戰車"。以上用名詞重疊形式去理解活用名詞的例子是較特殊的，這些活用如動詞的名詞後面既有帶賓語的，又有不帶賓語的，如例②是帶賓語的，例①③是不帶賓語的。

附帶說明一下，古漢語常有名詞重疊的形式，一般情況是第一個不活用，第二個活用如動詞。例如：

①齊景公問政於孔子。孔子對曰："君君，臣臣，父父，子子。"公曰："善哉！信如君不君，臣不臣，父不父，子不予，雖有粟，吾得而食諸？"（《論語·顏淵》）

②乃出巨鍾鍾齒，齒零落墮地。（《聊齋志異·夢狼》）

③俄有兩金甲猛士努目入，出黑索索甲。（《聊齋志異·夢

狼》）

　　例①的“君君、臣臣、父父、子子”中第二個“君、臣、父、子”活用如動詞。“君君”就是“國君像個國君”，餘類推；例②的“錘錘”中第二個“錘”活用如動詞，譯成“槌擊”；例③的“索索”中第二個“索”活用如動詞，譯成“捆綁”。

5.“使+賓+名詞”式

　　“使+賓+名詞”式是名詞用作使動時的今譯格式。“賓”，指的是使動詞的賓語，“名詞”，指的是活用如使動詞的那個名詞。例如：

①爾欲吳王我乎？（《左傳・定公十年》）

　── 你想讓我做吳王嗎？

　　“吳王我”，猶“使我吳王”。“我”是使動詞“吳王”的賓語，“吳王”是活用的名詞，今譯時應增添相應的動詞。“使我吳王”譯成“讓我做吳王”。

②故王不如東蘇子，秦必疑齊而不信蘇子矣。（《史記・蘇秦列傳》）

　── 所以魏王不如讓蘇代到東方去，秦國一定猜疑齊國而不信任蘇代了。

　　“東蘇子”，猶“使蘇子東”。“蘇子”是使動詞“東”的賓語，“東”是活用的方位名詞，今譯時宜增添介詞和相應的動詞。“使蘇子東”譯成“讓蘇代到東方去”。

③吾見申叔，夫子所謂生死而肉骨也。（《左傳・襄公二十二年》）

　── 我看到申叔，那個人正是所說的使死者複生，使枯骨長肉的人啊。

　　“肉骨”，猶“使骨肉”。“骨”是使動詞“肉”的賓語，“肉”是活用的動詞，今譯時應增添相應的動詞。“使骨肉”譯成“使枯骨長肉”。

6.“以+賓+爲+名詞”式

　　“以+賓十爲+名詞”式是名詞用做意動時的今譯格式。[2]“賓”，指的是意動詞的賓語，“名詞”，指的是活用如意動詞的那個名詞。意動用法的主要特徵是：這種用法的動詞都帶有“以……爲……”的意思。例如：

　　①又隆冬，貧者席地而臥。（方苞《獄中雜記》）

　　—— 再有數九寒天，窮苦的犯人把地面當作席子打鋪。

　　“席地”，猶“以地爲席”。“地”是意動詞“席”的賓語。“席”是活用名詞，今譯時增添“以……爲……”。“以地爲席”譯成“把地面當作席子”。

　　②公子乃自驕而功之。（《史記·魏公子列傳》）

　　—— 公子竟然自己驕傲而認爲有功勞。

　　“功之”，猶“以之爲功”。“之”是意動詞“功”的賓語，“功”是活用名詞，今譯時增添“以……爲……”。“以之爲功”譯成“認爲有功勞”。“之”指魏公子無忌竊符救趙一事。

　　邑人奇之，稍稍賓客其父。（王安石《傷仲永》）

　　—— 同縣的人認爲他（仲永）很奇特，漸漸地把他的父親當作賓客招待。

---

2 陳蒲清指出名詞的意動用法實際上是一種處動用法，兩者無論是語法意義還是語法形式，都有明確的區分標準。在意義上，意謂只是一種主觀想法；處置是一種實際對待。在形式上，意動用法的敍述詞多由形容詞或表示心理活動的動詞來充當；處動用法的敍述詞則由名詞來充當。詳見陳蒲清《談處動用法》，刊《中國語文通訊》1982 年第 1 期。

　　"賓客其父"，猶"以其父爲賓客"。"其父"是意動詞"賓客"的賓語，"賓客"是活用的名詞，今譯時增添"以……爲……"。"以其父爲賓客"可譯成"把他的父親當作賓客（招待）"。

7. "為+賓+名詞"式

　　"爲+賓+名詞"式是名詞用作爲動詞的今譯格式[3]。"賓"，指的是爲動詞的賓語，"名詞"是指活用如爲動的那個名詞。

　　①公子皆名之。（《史記・魏公子列傳》）

　　── 公子都爲它們取了名字。

　　"名之"，猶"爲之名"。"之"是爲動詞"名"的賓語，"名"是活用的名詞，今譯時要增添介詞"爲"。"爲之名"譯成"爲它們取了名字"。"之"，指代諸侯門客進獻的兵法著作。

　　②字僮曰"善搏"。（《尹文子・大道下》）

　　── 爲僕人取名叫"善搏"。

　　"字僮"，猶"爲僮字"。"僮"是爲動詞"字"的賓語，"字"是活用的名詞，今譯時要增添介詞"爲"。"爲僮字"譯成"爲僕人取名字"。

　　③盧陵文天祥自序其詩，名曰《指南錄》。（文天祥《指南錄後序》）

　　── 盧陵文天祥爲自己的詩集作序，取名爲《指南錄》。

---

3 有人把爲動用法看成是介詞省略，因而不主張立爲動用法這個項目。實際這不是介詞省略，陳蒲清提出兩個理由，他說：第一，不是所有表示爲動意義的地方都可補充出介詞，即使偶爾能補也顯得勉強。如："夫人將啓之"就不能說成"夫人將啓于之"。第二，所謂省略的說法決不可濫用。如果濫用省略，使動、意動又何嘗不可以說是省了介詞呢？如：意動句"不恥相師"便可說成"不恥于相師"，它的肯定式正好是"恥于相師"，很少說"恥相師"。

"序其詩"，猶"爲其詩序"。"其詩"是爲動詞"序"的賓語，"序"是活用的名詞，今譯時要增添介詞"爲"。"爲其詩序"可譯成"爲自己的詩集作序"。

④父曰："履我！"良業爲取履，因長跪履之。（《史記‧留侯世家》）

—— 老人說："爲我穿上鞋子！"張良既然已經把鞋子給他取來，就跪下爲他穿上。

"履我"，猶"爲我履"。"我"是爲動詞"履"的賓語，"履"是活用的名詞，今譯時要增添介詞"爲"。"爲我履"可譯成"爲我穿上鞋子"。"履之"，今譯亦同，可譯爲"爲他穿上鞋子"，譯文中"鞋子"一詞可以省略，避免重複。

（三）名詞活用做狀語及其今譯

在古漢語中，普通名詞除了常活用如動詞外，還常活用如副詞 —— 直接放在謂詞前面作狀語，這在現代漢語中是比較少見的。例如：

①市中遊俠兒得佳者籠養之，昂其直，居爲奇貨。（《聊齋志異‧促織》）

②將不勝其忿而蟻附之。（《孫子‧謀攻》）

③夫以秦王之威，而相如廷叱之。（《史記‧廉頗藺相如列傳》）

例①的名詞"籠"活用如副詞，做狀語，表工具，譯爲"用籠子"；例②的名詞"蟻"活用如副詞，做狀語，表狀態，譯爲"像螞蟻一樣"；例③的名詞"廷"活用如副詞，做狀語，表處所，可譯爲"在朝廷裏"。

同名詞活用如動詞時的今譯有規律可循一樣，普通名詞活用做狀語時的今譯也有法可依，概括起來有以下幾種類型。

1. "像……似的（一樣地）"式

普通名詞活用做狀語，表示某種比喻 —— 即以它所代表的事物的某種狀態或行動特徵去描繪謂語動詞所表示的行為動作，可以採用"像……似的（一樣的）"式去對譯。在具體操作時又可以分以下兩種情況。

第一種情況是，直接在該活用名詞上邊加上"像……似的（一樣的）"，以構成"像+名詞+似的（一樣地）"格式，從而完成對譯。例如：

①豕人立而啼。（《左傳·莊公八年》）

—— 豬像人似的直立著啼哭。

"人"做狀語，描繪"立"的狀態，可譯成"像人似的"。

②嫂蛇行匍伏，四拜自跪而謝。（《戰國策·秦策》）

—— （蘇秦的）嫂子像蛇一樣地匍匐在地，行拜禮四次，跪著（向蘇秦）道歉。

"蛇"做狀語，描繪"行"的狀態，可譯成"像蛇一樣地"。

③（子產）治鄭二十六年而死，丁壯號哭，老人兒啼。（《史記·循吏列傳》）

—— （子產）管理鄭國二十六年後去世，（鄭國的）青壯年人號哭，老年人像小兒似的啼哭。

"兒"做狀語，描繪"啼"狀態，可譯成"像小兒似的"。

④一狼徑去，其一犬坐於前。（《聊齋志異·狼》）

—— 一隻狼逕自離去了，另一隻像狗似的坐在屠夫跟前的地上。

“犬”做狀語，描繪“坐”的狀態，可譯成“像狗似的”。

第二種情況是，活用的名詞在與“像……似的（一樣地）”組合之前先得轉譯成主謂短語，從而揭示出它所反映的事物的行動特徵，今譯時的格式爲“像+名詞（主語）+謂語+似的（一樣地）”。例如：

其後秦稍蠶食魏，十八歲而虜魏王，屠大梁。（《史記·魏公子列傳》）

—— 此後秦國逐漸地像蠶吃桑葉似的侵佔魏國，十八年後俘虜了魏主，血洗了魏都大梁。

“蠶”做狀語，先得轉譯成“蠶吃桑葉”，爾後同“像……似的”組合，可譯成“像蠶吃桑葉似的”。若譯成“像蠶似的”則沒能揭示出蠶吃桑葉所具備的那種漸進和狀態特徵。

2. “像對待……一樣地”式

普通名詞活用做狀語，表示某種對人的態度 —— 即把動詞的賓語所代表的人當做狀語的那個名詞所表示的人或事物來對待，今譯可採用“像對待……一樣地”式去完成今譯。例如：

①彼秦者，……虜使其民。（《戰國策·趙策》）

—— 那秦國的統治者像對待俘虜（奴隸）一樣地役使他的人民。

“虜”做狀語，表示秦國統治者對秦國百姓的態度，可以譯成“像對待俘虜（奴隸）一樣地”。

②今而後知君之犬馬畜伍。（《孟子·萬章下》）

—— 今天才知道國君像對待犬馬一樣地畜養我（孔伋）。

“犬馬”做狀語，表示魯繆公對孔伋（子思）的態度，可以譯成“像對待犬馬一樣地”。

③君爲我呼入，我得兄事之。（《史記·項羽本紀》）

—— 你替我叫他進來，我要像對待兄長一樣地侍奉他。

"兄"做狀語，表示我（劉邦）將要對項伯採取的態度，可譯成"像對待兄長一樣地"。

④齊將田忌善而客待之。（《史記·孫子吳起列傳》）

—— 齊國大將田忌認爲他是人才而像對待客人一樣地對待他。

"客"做狀語，表示田忌對孫臏的態度，可譯爲"像對待客人一樣地"。

3. "用+名詞"式

普通名詞活用做狀語，表示動作行爲的工具、憑藉，今譯可以採用"用+名詞"式。即在活用的名詞前添加"用"等表示方式、依據的介詞，從而完成今譯。例如：

①叩石墾壤，箕畚運於渤海之尾。（《列子·湯問》）

—— 敲石頭掘土塊，用畚箕（將土石）運到渤海的盡頭。

"箕畚"做狀語，表示運土石所使用的工具，可以譯成"用畚箕"。

②遂入見王，涕泣膝行。（《漢書·龔遂傳》）

—— 龔遂入宮拜見昌邑王（劉賀），低聲哭泣著用膝蓋行走。

"膝"做狀語，表示循吏龔遂行走所採取的方式，可以譯爲"用膝蓋"。

③狼，速去！不然將杖殺汝。（馬中錫《中山狼傳》）

—— 狼，趕快離開！不然我要用手杖打死你。

"杖"做狀語，表示老者殺狼所使用的工具，可以譯爲"用手杖"。

4.“在+名詞+方位名詞”式

普通名詞活用做狀語，表示動作行爲的處所，今譯可以採用”在+名詞+方位名詞”式，即在活用的名詞前添加“在”等表示處所、方向的介詞，在名詞後添上相應的方位名詞“中、上、裏”等，從而完成今譯。例如：

①舜勤民事而野死，冥勤其官而水死，稷勤百穀而山死。（《國語·魯語上》）

—— 舜爲百姓的事情操勞而死在野外，冥爲國事操勞而死在水裏。稷爲莊稼的事情操勞而死在山中。

“野、水、山”均做狀語，表示舜、冥、稷殉職的不同場所，可分別譯爲“在野外”、“在水裏”和“在山中”。

②夫山居而谷汲者，膢臘而相遺以水。（《韓非子·五蠹》）

—— 住在山上而要到峽谷裏打水的人，逢年過節都用水做禮物互相贈送。

“山”、“谷”均做狀語，表示“居”、“汲”的不同處所，可譯成“在山上”、“到峽穀裏”。

③高祖以亭長爲縣送徒驪山，徒多道亡。（《漢書·高帝紀》）

—— 漢高祖（劉邦）曾以亭長的身份替縣裏送服勞役的人去驪山，結果不少人在途中逃跑了。

“道”做狀語，表示徒役逃跑的場所，可以譯爲“在途中”。

④劉備、周瑜水陸並進。（《資治通鑒·赤壁之戰》）

—— 劉備和周瑜率部由水上和陸上一同進發。

“水”、“陸”做狀語，表示進發的不同處所，可以譯成“由水上和陸上”。

5. "名詞→副詞" 式

有些普通名詞活用做狀語，表示動作、行爲的方式，今譯時沒有劃一的格式，但這並不意味著無規律可言。碰到這種'隋況，一般可以採用名詞轉副詞的方式，即設法將名詞轉換成意義對等的副詞或副詞性短語，從而完成今譯。試舉幾例。

①即自取水洗去血，裂裳衣瘡，手注善藥。（柳宗元《段太尉逸事狀》）

—— （段太尉）當即親自取來水（爲農人）洗去血污，扯破衣裳替地裏紮傷處，親手給敷上好藥。

"手" 做狀語，表 "注" 的方式，可以譯爲意義對等的副詞 "親手"。

②將軍身率益州之眾出於秦川。（《三國志·諸葛亮傳》）

—— 將軍您親自率領益州的大軍出師秦川。

"身" 做狀語，表 "率" 的方式，可以譯爲意義相當的副詞叫 '親自'。

③群臣吏民能面刺寡人之過者受上賞。（《戰國策·齊策》）

—— 群臣百姓能當面指責寡人的過失的，將受到上等的獎賞。

"面" 做狀語，表 "刺" 的方式，可以譯爲意義對等的副詞 "當面"。

④雖戶說以眇論，終不能化。（《史記·貨殖列傳》）

—— 即使拿高遠美妙的道理去挨家挨戶地宣傳，最終也不可能改變。

"戶" 做狀語，表 "說" 的方式，可以譯爲意義相當的副詞性短語 "挨家挨戶地"。

以上是普通名詞活用做狀語的五種常用的今譯模式。

　　同現代漢語一樣，文言文中的時間名詞也可以做狀語，常見的有日、月、歲等詞。但今譯需注意的是：它們做狀語時的意義同平時的意義有所不同。這裏也附帶說明一下。

　　A.“每+日（月、歲）”式

　　“日、月、歲”用在具有動作性的動詞前面，表示動作的經常性，今譯可以採用“每+日（月、歲）”式，即以“每日、每月、每年（歲）”去對譯“日、月、歲”。例如：

　　①魏王日聞其毀，不能不信。（《史記·魏公子列傳》）

　　—— 魏王每天聽到有人講公子（信陵君）的壞話，不得不相信。

　　“日”用在動作性動詞“聞”之前做狀語，可譯為“每日”。

　　②族庖月更刀，折也。（《莊子·養生主》）

　　—— 尋常的廚夫每月換一口刀，那是用刀砍骨頭的緣故。

　　“月”用在動作性動詞“更”之前做狀語，可譯為“每月”。

　　③宣德間，宮中尚促織之戲，歲征民間。（《聊齋志異·促織》）

　　—— 宣德年間，宮廷內嗜好（鬥）蟋蟀的遊戲，朝廷每年在民間徵集（蟋蟀）。

　　“歲”用在動作性動詞“征”之前做狀語，可譯為“每年”。

　　B.“日→逐漸地”式

　　“日”用在具有變化性的動詞或形容詞前面，表示情況逐漸發展，譯者可以將“日”譯作“逐漸地”或“一天天地”。例如：

　　①（田單）兵日益多，乘勝，燕日敗亡。（《史記·田單列傳》）

　　—— 田單手下的將士逐漸地增多，（齊軍）乘勝進擊，燕軍一天天地敗亡下去。

　　"日"分別做具有變化性的動詞"益"、"敗"的狀語，可譯作"逐漸地"、"一天天地"。

　　②鄉鄰之生日蹙。（柳宗元《捕蛇者說》）

　　── 鄉鄰的生活逐漸地困迫。

　　"日"用在具有變化性的形容詞"蹙"之前做狀語，可譯爲"逐漸地"。

C. "往+日"式

　　"日"用在句首主語之前，用來追溯過去時可採用"往+日"式，即以"往日"去對譯"日"。例如：

　　①日臣之使于楚也，子重問晉國之勇。（《左傳・成公十六年》）

　　── 往日下臣出使到楚國，子重問起晉國的勇武（表現在哪裡）。

　　"日"用於句首主語"臣"之前做狀語，可以譯作"往日"。

　　②日起請夫環，執政弗義，弗敢複也。（《左傳・昭公十六年》）

　　── 往日韓起（我）請求得到這只玉環，執政（您）認爲不合于道義，所以不敢再次請求。

　　"日"也同樣譯作"往日"。

（四）形容詞活用做動詞及其今譯

　　古漢語中，除了名詞常活用作動詞外，形容詞也常活用作動詞，例如：

　　①漢王複入壁，深塹而自守。（《史記・項羽本紀》）

②以其耕作也，賞之，而少其家業也；……以其犯禁也，罪之，而多其有勇也。（《韓非子·五蠹》）

例①的"深"活用如動詞，可譯爲"深掘"，例②形容詞"少"、"多"均活用如動詞，可分別譯爲"輕視"、"稱讚"。

形容詞活用如動詞，今譯時也有規律可尋，大致可以概括爲以下三種模式：

1."形容詞→動詞（動詞短語）"式

形容詞活用如一般動詞時，只需把形容詞譯成同它意義有密切聯繫的動詞或動詞短語，如例①中的"深"之譯爲"深掘"。再舉二例：

③親賢臣，遠小人，此先漢所以興隆也。（諸葛亮《出師表》）

—— 親近賢臣，遠離小人，這是先（西）漢興盛的原因之所在。

形容詞"遠"活用作動詞，可譯成動詞性短語"遠離"。

④諸侯以公子賢，多客，不敢加兵謀魏十餘年。（《史記·魏公子列傳》）

—— 各國諸侯因爲（瞭解）魏公子賢能，手下有許多門客，所以不敢發兵圖謀魏國達十餘年之久。

形容詞"多"活用做動詞，可譯成動詞短語"有許多"。

2."使+（賓語）+形容詞"式

這是形容詞活用如使動時採用的一種今譯格式。例如：

①君子正其衣冠。（《論語·堯曰》）

—— 君子使其衣冠整齊。

形容詞"正"活用如使動，"正其衣冠"可以採用"使其衣冠正"的格式，今譯爲"使其衣冠整齊"。

②能富貴將軍者，上也。（《史記‧魏其武安侯列傳》）

—— 能使將軍富貴的人是皇上。

形容詞 "富"、"貴" 活用如使動，"富貴將軍" 可以採用 "使將軍富貴" 的格式直接對譯。

③昂其直，居爲奇貨。（《聊齋志異‧促織》）

—— 抬高它（蟋蟀）的價錢，儲存起來，當作稀奇的貨物（等待出售）。

形容詞 "昂" 活用如使勁，"昂其直" 可以採用 "使其值昂" 的格式意譯爲 "抬高它的價錢"。

④君失齊，雖隆薛城至於天，猶無益也。（《韓非子‧說林下》）

—— 您失掉了齊國，即使把薛城築得天那樣高，也沒有好處。

形容詞 "隆" 活用如使動，"隆薛城" 可以採用 "使薛城隆" 的格式意譯爲 "把薛城築高"。

3. "以+（賓語）+為+形容詞" 式

這是形容詞活用如意動時所採用的一種今譯格式。例如：

①且庸人尙羞之，況於將相乎？（《史記‧廉頗藺相如列傳》）

—— 平常的人尙且把這件事當作羞恥，何況是身爲將相的人啊！

形容詞 "羞" 活用如意動，"羞之" 即 "以之爲羞"，可以譯爲 "把這件事當作羞恥"。

②至晉，晉人愛其妾而賤公女。（《韓非子‧外儲說左上》）

—— 到了晉國，晉國人喜歡陪嫁的妾而看不起秦伯的女兒。

形容詞 "賤" 活用如意動，"賤公女" 即 "以公女爲賤"，可以意譯爲 "看不起秦伯的女兒"。

③是故明君貴五穀而賤金玉。（晁錯《論貴粟疏》）

—— 所以明智的君主重視五穀而輕視金玉。

形容詞"貴"、"賤"活用如意動，"貴五穀"、"賤金玉"即"以五穀爲貴"、"以金玉爲賤"，可以分別意譯爲"重視五穀"、"輕視金玉"。

與形容詞的使動用法相似，動詞，一般是不及物動詞活用爲使動時，也採用"使+（賓語）+動詞"式。如：

①焉用亡鄭以陪鄰？（《左傳·僖公三十年》）

—— 哪能用使鄭國滅亡的方式來增大鄰國的土地呢？

②廣故數言欲亡，忿恚尉（《史記·陳涉世家》）

—— 吳廣故意多次說要逃跑，來激怒軍官。

③乃使蒙恬北築長城而守藩籬，卻匈奴七百餘裏。（賈誼《過秦論》）

—— 於是派蒙恬在北邊修築長城，守衛邊防，使匈奴退卻七百多裏。

④操軍方連船艦，首尾相接，可燒而走也。（《資治通鑒·建安十三年》）

—— 曹操的大軍正戰船連著戰船，船頭和船尾相連接，可以放火燃燒而使曹軍敗逃。

例①"亡鄭"即"使鄭亡"，例②"忿恚尉"即"使尉忿恚"，例③"卻匈奴"卻"使匈奴卻"，例④"走"後省略賓語"之"，"走（之）"即"使（之）走"。

二、常見固定結構及其今譯

古漢語中某些詞由於經常組合而逐漸形成一種固定的格式。

在這種固定結構中，幾個詞的意義已完全融合在一起，共同表示某一個特定的含義。若不去整體把握它的含義，而試圖按照通常的做法，從詞的字面義的組合去推求整個結構的意義，則往往會不得要領，以至影響文意的理解、把握。因此瞭解古漢語常見的一些固定結構，諳熟這些固定結構的使用習慣以及特殊含義，實在是學習文言文的過程中所不可缺少的一個重要環節。

（一）含有疑問代詞、語氣詞的固定結構

這一類固定結構，有一個共同的特徵：都包含有疑問代詞或疑問語氣詞，這些疑問代詞（語氣詞）今譯時該如何處理，均與整個結構的特定用法有關。下面試一一介紹。

1. "如（若、奈）……何"式

這是一種表疑問的固定結構，其中"如、若、奈"為動詞，表處置的意思，"何"為疑問代詞，做"怎麼"、"怎樣"解，整個結構往往可以譯為"把……怎麼樣"、"對……怎麼辦"。例如：

①一薛居州，獨如宋王何？（《孟子·滕文公下》）

②以君之力，曾不能損魁父之丘，如太行、王屋何？（《列子·湯問》）

③晉侯謂慶鄭曰："寇深矣，若之何？"對曰："君實深之，可若何？"（《左傳·僖公十五年》）

④巫嫗、三老不來還，奈之何？（《史記·滑稽列傳》）

⑤力拔山兮氣蓋世，時不利兮騅不逝！騅不逝兮可奈何？虞兮虞兮奈若何！（《史記·項羽本紀》）

⑥舜為天子，皋陶為士，瞽瞍殺人，則如之何？（《孟子·

盡心上》）

　　例①的“如宋王何”可譯爲“能把宋王怎麼樣”，例②的“如太行、王屋何”可今譯爲“能把太行、王屋怎麼樣”；例③④的“若之何”、“奈之何”均可今譯爲“對此怎麼辦”；例⑤的“奈若何”今譯爲“把你怎麼辦”；例⑥的“如之何”可譯爲“對此怎麼辦”。

　　有時候，“如（若、奈）……何”式中間的成分可以省去，簡化爲“如（若、奈）何”式，可今譯爲“怎麼辦”、“怎麼樣”，如例③⑤中的“可若何…‘可奈何”均可今譯爲“能怎麼辦”。

　　“如（若、奈）……何”式往往還可以做狀語，表強烈反問語氣，可今譯爲“爲什麼”、“怎麼能”，經常出現的形式是“如（若、奈）之何”以及“如（若、奈）何”。例如：

　　①明恥教戰，求殺敵也。傷未及死，如何勿重？（《左傳·僖公二十二年》）

　　②民不畏死，奈何以死懼之？（《老子》七十四章）

　　③此車一人殿之，可以集事。若之何其以病敗君之大事也？（《左傳·成公二年》）

　　例①的“如何”可譯爲“爲什麼”，“如何勿重”，可以譯爲“爲什麼不可以再傷害他一次”[4]。例②的“奈何”也可今譯爲“爲什麼”，例③中的“若之何”可譯爲“怎麼能”，其後的副詞“其”表加強語氣，無需譯出，該句可今譯爲“怎麼能因爲受傷而敗壞國君的大事”。[5]

---

4 參見沈玉成《左傳譯文》第 99 頁，第 204 頁，中華書局，1981。
5 有的書譯作“不如”，“何不”，今依大陸中學語文課本第三冊（人民教育出版社，1988）作“與其……哪如……”解。

2. "……孰與……" 式

這是一種表疑問的固定結構，通常用來表示比較，其中 "孰" 為疑問代詞，作 "誰"、"哪一個" 解，"與" 為介詞，作 "同" 解，整個結構可以用 "某同某相比，誰（哪一個）怎麼樣" 或 "某比起某來怎麼樣" 的格式去一一解釋。例如：

①我孰與城北徐公關？（《戰國策·齊策》）

②項伯孰與君少長？（《史記·項羽本紀》）

③公之視廉將軍孰與秦王？（《史記·廉頗藺相如列傳》）

④大王自料勇悍仁強孰與項王？（《史記·淮陰侯列傳》）

例①②的 "孰與" 可以用 "某同某相比，誰怎麼樣" 的格式去解釋，如例①可以譯為 "我同城北徐公相比，誰漂亮"，例②可以譯為 "項伯同你相比，誰年少誰年長"，例③④則可以用 "某比起某來怎麼樣" 的格式去解釋，如例③可以譯為 "你們看廉將軍比起秦王來怎麼樣"，例④也可以譯為 "大王自己估計您的勇猛強悍仁慈強大比起項王來怎麼樣"。從上述四例中可以推知：當 "孰與" 後既有比較的對象，又有比較的內容時，"孰與" 可以用 "某同某相比，誰怎麼樣" 的格式去解釋；當 "孰與" 後只有比較的對象而沒有比較的內容時，"孰與" 可以用 "某比起某來怎麼樣" 的格式去解釋。

有時 "孰與" 可以用來連接兩個分句，從而構成一種選擇複句，意義近似於 "與其……孰若……"，可以譯為 "哪里比得上" 的試比較：

①大天而思之，孰與物畜而制之？（《荀子·天論》）

②與其坐而待亡，孰若起而拯之。（《清稗類鈔·馮宛貞勝英人于謝莊》）

例①可以翻譯成"尊崇大自然並且仰慕它，哪里比得上把它當作牲畜養並且控制它"，例②可以翻譯成"與其坐著等死，哪如起來拯救我村"。只是例②在語氣上較例①要強烈一些。

3. "何所 VP" 式

這是一種表疑問的固定結構，其中"何"為疑問代詞，做謂語，"所"為結構組詞，與它後面的成分"VP"構成"所"字短語，做主語，這是一種主謂倒裝結構，翻譯時可還原，即譯為"（所）VP 的是什麼"或者乾脆譯為"VP 什麼"。例如：

①問女何所思？問女何所憶？（《樂府詩集·木蘭詩》）

②何所聞而來？何所見而去？（《世說新語·簡傲》）

③白雪紛紛何所似？（《世說新語·言語》）

④賣炭得錢何所營？（白居易《賣炭翁》）

例①的"何所思"可以譯為"思考的是什麼"，也可以譯為"思考什麼"。"何所憶"同。例②的"何所聞"可以譯為"聽到的是什麼（便來了）"，也可以譯為"聽到了什麼（便來了）"。"何所見"同。例③的"何所似"可譯為"與之相似的是什麼"，也可譯為"像什麼"。例④的"何所營"既可譯作"謀求的是什麼"，也可譯作"謀求什麼"。

4. "何（奚）以……為" 式

這是一種表反問的固定結構，其中"何"、"奚"是疑問代詞，"以"是介詞，"為"是表疑問的語氣詞[6]，這種固定結構清

6　"何以……為"中的"為"有的人認為是動詞，有的人認為是助詞，人民教育出版社編的中學語文課本作語氣助詞，考慮到同現代漢語語法系統的一致性，文中作語氣詞處理。

季王念孫的《讀書雜誌》已有論及[7]。整個結構往往可以譯爲
"要……幹什麼"或"哪里用得著……"。例如：

①奚以之九萬里而南爲？（《莊子・逍遙遊》）

②汝爲人臣子，不顧恩義，畔主背親，爲降虜於蠻夷，何以
汝見爲？（《漢書・李廣蘇建傳》）

③夫顓臾，昔者先王以爲東蒙主，且在邦域之中矣，是社稷
之臣也。何以伐爲？（《論語・季氏》）

④今夫齊，亦君之水也。君長有齊陰，奚以薛爲？（《戰國
策・齊策》）

例①可以譯爲"要飛升到九萬里高空再向南幹什麼"，例②
"何以汝見爲"可以譯爲"要見你幹什麼"，例③"何以伐
爲"，可以譯爲"哪里用得著去討伐"，例④"奚以薛爲"可以
譯爲"要薛城幹什麼"。

有時"何（奚）以……爲"式中的"以"可以省略而形成"何
（奚）……爲"式，其今譯照舊。例如：

①如今人方爲刀俎，我爲魚肉，何辭爲？（《史記・項羽本
紀》）

②敗軍之將，被禽不迭死，奚喋喋爲？（邵長蘅《閻典史傳》）

例①的"何辭爲"可譯作"哪里用得著告辭"，例②的"奚
喋喋爲"可以譯作"（要）嘮嘮叨叨幹什麼"。

不但"以"可以省略，"以"後的成分有時也可以省略，而
形成"何（奚）以爲"式，其今譯亦照舊，只是需將省略的意思
補出便可。例如：

7 參見曹煒《試論〈讀書雜誌〉在漢語語法學上的貢獻》，《揚州師院學
報》1993 年第 3 期。

①勝自礪劍，人問曰："何以爲？"（《史記·伍子胥列傳》）

②誦《詩》三百，授之以政，不達；使于四方，不能專對，雖多，亦奚以爲？（《論語·子路》）

例①需補出的"以"後省略的意思"礪劍"，"何以爲"可以譯作"（要）磨劍幹什麼"；例②需補出"以"後省略的意思"誦《詩》"，"奚以爲"可以譯作"（要）讀《詩》幹什麼"。

5. "不亦……乎"式

這是一種表反問的固定結構，其中"亦"爲副詞，起加強語氣的作用，整個結構可以譯爲"難道不……嗎"或"豈不（是）……嗎"。例如：

①阻而鼓之，不亦可乎！（《左傳·僖公二十二年》）

②民以爲大，不亦宜乎！（《孟子·梁惠王下》）

③我欲行禮，子敖以我爲簡，不亦異乎！（《孟子·離婁下》）

④舟已行矣，而劍不行，求劍若此，不亦惑乎！（《呂氏春秋·察今》）

⑤汝亦知射乎？吾射不亦精乎！（歐陽修《賣油翁》）

⑥今吳之有越，猶人之有腹心疾也，而王不先越而乃務齊，不亦謬乎！（《史記·伍子胥列傳》）；

例①"不亦可乎"可譯爲"難道不可以嗎"，例②"不亦宜乎"可譯爲"難道不應該嗎"，例③"不亦異乎"可譯爲"豈不是可怪嗎"，例④"不亦惑乎"可譯作"豈不糊塗嗎"，例⑤"吾射不亦精乎"可以譯爲"我的射技難道不精湛嗎"，例⑥"不亦謬乎"可以譯作"豈不是失策嗎"。

6. "得無……乎（耶）"式和"無乃……乎"式

這是兩種表測度或反問的固定結構，意義近似，只是後者較前者語氣上重一些，反詰的意味濃一些。前者通常可以譯爲"莫非……吧"、"恐怕……吧"；後者通常可以譯爲"恐怕……吧"、'豈不是……嗎"。例如：

①成反復自念，得無教我獵蟲所耶！（《聊齋志異・促織》）

②今民生長於齊不盜，入楚則盜，得無楚之水土使民善盜耶！（《晏子春秋・內篇雜下》）

③日食飲得無衰乎！（《戰國策・趙策》）

④師勞力竭，遠主備之，無乃不可乎！（《左傳・僖公三十二年》）

⑤若以不孝令于諸侯，其無乃非德類也乎！（《左傳・成公二年》）

⑥居敬以行簡，以臨其民，不亦可乎？居簡而行簡，無乃大簡乎！（《論語・雍也》）

例①②的"得無……耶"均宜譯作"莫非……吧"，例③則以譯作"每天的飲食恐怕沒有減少吧"爲好；例④的"無乃不可乎"當譯作"恐怕不可以嗎"，例⑤的"其無乃非德類也乎"則以譯爲"這恐怕不是道德的準則吧"爲好。例⑥，"無乃大簡乎"同前文"不亦可乎"上下呼應，更顯其反詰的意味，當譯爲"豈不是太簡單了嗎"。

7. "何……之有"式

這是一種表反問的固定結構，其中"有"爲動詞，"何"爲疑問代詞，做"有"的賓語，"之"爲代詞，複指前置的"何"，"何……之有"，即"有何……"，可譯爲"有什麼……呢"。例如：

①姜氏何厭之有！（《左傳・隱公元年》）

②宋何罪之有！（《墨子·公輸》）

③三害未除，何樂之有！（《晉書·周處傳》）

④孔子雲："何陋之有！"（劉禹錫《陋室銘》）

⑤寇仇，何服之有！（《孟子，離婁下》）

例①的"何厭之有"即"有什麼滿足呢"，例②的"何罪之有"即"有什麼罪呢"，例③的"何樂之有"即"有什麼高興（的）呢"，例④的"何陋之有"即"有什麼簡陋呢"。例⑤的"何服之有"即"有什麼服孝的呢"，可以譯爲"臣下還服什麼孝呢"。

同"何……之有"式相近的還有"……何有"式[8]，也表反問，可依據具體環境，譯爲"有什麼困難"，"有什麼關係"等等，例如：

①默而識之，學而不厭，誨人不倦，何有於我哉？（《論語·述而》）

②能以禮讓，爲國乎何有？（《論語·裏仁》）

③王如好貨，與百姓同之，于王何有？（《孟子·梁惠王下》）

④除君之惡，唯力是視。蒲人、狄人，余何有焉？（《左傳·僖公二十四年》）

⑤祁氏私有討，國何有焉？（《左傳·昭公二十八年》）

例①②③的"何有"可譯爲"有什麼困難"，"何有於我哉"即"對我來說有什麼困難呢"；"于王何有"即"對於實行

---

8 有人將"何有……"看作是"何……之有"的緊縮式，說見《文言句式例析》，福建人民出版社，1981。其實不然，這是兩種不同的句式，今譯時也不一樣，《文言句式例析》將"何有於我哉"（《論語，述而》）譯作"對於這些我又有什麼呢"，乃誤。

王政有什麼困難呢"，例④⑤中的"何有"可譯爲"什麼關係"，"余何有焉"即"對我來說有什麼關係呢"，"國何有焉"即"同國家（或，對國家來說）有什麼關係呢"。

結構、用途同"何……之有"式類似的還有"何……之爲"式，因其不常見，附在這裏介紹一下。這也是一種表反問的固定結構，"爲"爲動詞，"之"複指前置的賓語"何"，"何……之爲"即"爲何……"，直譯爲"還做什麼……"，通常可譯作"還算得上什麼……"、"還談得上什麼……"等。例如：

①今二子者，君生則縱其惑，死又益其侈，是棄君於惡也，何臣之爲？（《左傳·成公二年》）

②是禍之也，何衛之爲？（《左傳·昭西元年》）

例①的"何臣之爲"可譯爲"還算得上什麼臣子呢"，例②的"何衛之爲"可譯爲"還談得上什麼保衛呢"。

8."何其……"式和"何……之……"式

這是兩種意義相近的表感歎、反問的固定結構。"何其"中的"何"爲疑問代詞[9]，"其"爲指示代詞，"何……之……"中的"何"爲疑問代詞，"之"爲結構助詞。這兩種固定結構均可澤爲"怎麼這麼（如此）"、"爲什麼這麼"。例如：

①自三代以下者，天下何其囂囂也。（《莊子·駢拇》）

②雖有君命，何其速也！（《左傳·僖公二十四年》）

③汝來何其晚也？（《史記·孔子世家》）

④亡一羊，何追者之衆！（《列子·說符》）

⑤此非吾君也，何其聲之似我君也？（《孟子·盡心上》）

9　"何其"中的"何"有的人認爲是疑問副詞，說見何樂士等編《古代漢語虛詞通釋》第 208 頁，北京出版社，1985。

⑥何子求絕之速也？（《史記·管晏列傳》）

⑦何辭之鄙背而悖于所聞也！（《鹽鐵論·毀學》）

⑧何許子之不憚煩？（《孟子·滕文公上》）

例①"天下何其囂囂也"，可以譯作"天下怎麼如此喧嘩不停呢"，例②的"何其速也"可以譯作"怎麼這麼快啊"，例③可以譯作"你來得怎麼（或作"爲什麼"）這麼遲呢"；例④"何追者之眾"可以譯作"怎麼追捕的人這麼多啊"，例⑤"何其聲之似我君也"可以譯爲"他的聲音爲什麼（或作"怎麼"）同我們君主這麼相似呢"例⑥與例②相比，更能見"何……之"式同"何其"式表義的共同性來，可以譯作"爲什麼您要求絕交得這麼快呢"，例⑦則可以譯爲"怎麼言辭這麼鄙俗乖謬而同平常聽到的完全相反呢"。例⑧可以譯作"爲什麼許子如此不怕麻煩呢"。

古漢語中除了這兩種常見的固定結構外，有時還用"何如……之"式和"一何……"式表感歎、反問，例如：

①吏呼一何怒！婦啼一何苦！（杜甫《石壕吏》）

②鳳兮鳳兮，何如德之衰也。（《莊子·人間世》）

③臧文仲居蔡，山節藻梲，何如其知也。（《論語·公冶長》）

例①的"一何"可以譯爲"多麼"，例②的"何如……之……"譯法同"何……之……"式，該例可以譯爲"鳳啊鳳啊！爲什麼道德如此衰弱啊"[10]。例③的"何如其知也"可以譯爲"智慧又能怎麼樣呢"。

---

10 何樂士等編《古代漢語虛詞通釋》將此句譯爲"鳳啊鳳啊！怎麼命運這麼不好！"欠妥。

（二）不合疑問代詞的其他固定結構

這類固定結構文言文中也確實不少，這裏我們選擇一些常用的，對初學者來說又不太容易把握的格式做一些介紹。

1. "惟（唯）……為……"式

這是一種表強調的固定結構，其中"惟"為副詞，表範圍，"為"是助詞，表判斷，整個結構可以譯為"只有……（才）是……。"例如：

①無恆產而有恒心者，惟士為能。（《孟子·梁惠王上》）

②故事半古之人，功必倍之，惟此時為然。（《孟子·公孫醜上》）

③惟天為大，惟堯則之。（《孟子·滕文公上》）

④惟智者為能以小事大。（《孟子·梁惠王下》）

⑤非惟小國之君為然也，雖大國之君亦有之。（《孟子·萬章下》）

例①"惟士為能"可以譯作"只有士人才能做到"。例②中"惟此時為然"可以譯為"只有這個時候才行"，例③"惟天為大"可以譯作"只有天是最偉大的"，例④則可以譯為"只有明智的人才能夠以小國的身份服事大國"，例⑤則可以譯為"不只是小國的君主是如此，即使大國的國君也有朋友。"

2. "惟 I 唯）……所 VP"式

這是一種表強調的固定結構，"惟"為副詞，表範圍，"所"為助詞，與後面的成分"VP"構成"所"字短語，整個結構可以譯為"聽憑……VP""隨便……VP"。例如：

①先王無流連之樂，荒亡之行。惟君所行也。（《孟子·梁

惠王下》）

②大人者，言不必信，行不必果，惟義所在。（《孟子・離婁下》）

③臣唯命所試。（《列子・湯問》）

④兵既整齊，王可試下觀之，唯王所欲用之，雖赴水火猶可也。（《史記・孫子吳起列傳》）

⑤太祖嘗賜諸子良馬，惟其所擇。（《周書・齊煬王憲傳》）

例①"惟君所行也"可譯爲"隨便您如何巡遊吧"，例②"惟義所在"可以譯爲"隨便義在何處（'大人者'總與義同在）"，例③可譯爲"下臣我聽憑您的命令試驗"，例④"唯王所欲用之"可以譯作"隨便大王想要如何使用她們"，例⑤"惟其所擇"可以譯爲"聽憑（或作"隨便"）他們挑選"。

3. "……之謂……"式

這是一種表判斷的固定結構，"謂"爲動詞，"之"爲代詞，複指前置的賓語，整個結構可以譯爲"說的（就）是……"、"……便叫作……"。

①所謂故國者，非謂有喬木之謂也，有世臣之謂也。（《孟子・梁惠王下》）

②《詩》雲："他人有心，予忖度之。"夫子之謂也。（《孟子・梁惠王上》）

③《詩》雲："殷鑒不遠，在夏後之世。"此之謂也。（《孟子・離婁上》）

④富貴不能淫，貧賤不能移，威武不能屈，此之謂大丈夫。（《孟子・滕文公下》）

⑤舜盡事親之道而瞽瞍底豫，瞽瞍底豫而天下化，瞽瞍底豫

而天下之爲父子者定，此之謂大孝。（《孟子・離婁上》）

⑥《詩》雲：“如切如磋，如琢如磨。”其斯之謂與。（《論語・學而》）

例①可以譯爲“所謂故國，並非說的是該國有高大的樹木，而說的是有累代功勳的老臣”，例②“夫子之謂也”可以譯爲“說的就是夫子您啊”，例③的“此之謂也”可以譯爲“說的就是這個意思”，例④的“此之謂大丈夫”可譯爲“這便叫做大丈夫”，同樣例⑤的“此之謂大孝”也宜譯作“這便叫作大孝”。例⑥“其斯之謂與”可以譯爲“那說的就是這個意思吧”。

4.“有（無）以……”式

這是兩種極爲常見的固定結構，“有”“無”爲動詞，“以”爲介詞[11]，整個結構可以譯爲“有什麼（可以）……”、“沒有什麼（可以）……”。例如：

①河曲智叟無以應。（《列子・湯問》）

②王使人胴夫子，果有以異於人乎？（《孟子・離婁下》）

③吾終當有以活汝。（馬中錫《中山狼傳》）

④孟子對曰：“殺人以梃與刃，有以異乎？”曰：“無以異也。”（《孟子・梁惠王上》）

⑤故不積跬步，無以至千里；不積小流，無以成江海。（《荀子・勸學》）

⑥湯又使人問之曰：“何爲不祀？”曰：“無以供粢盛也。”（《孟子・滕文公下》）

例①“無以應”可以譯爲“沒有什麼可以回答”，例②“果

---

11 “有（無）以”中的“以”有人認爲是動詞，說見《古代漢語讀本》（修訂本），天津人民出版社，1981。似不妥。“以”當作介詞爲是。

有以異於人乎"可以譯爲"（他）果真有什麼不同于常人的地方嗎"，例③的"有以活汝"可以譯爲"有可以使你活命的辦法"，例④"有以異乎"可以譯爲"有什麼不同嗎"，"無以異也"則可以譯爲"沒有什麼不同"，例⑤的"無以至千里"、"無以成江海"分別可以譯爲"沒有什麼辦法可以到達千里之外的地方"、"沒有可能匯成江海"，例⑥的"無以供粢盛也"可以譯爲"沒有什麼辦法可以提供祭祀用的谷米"。

5."有（無）所……"式

這是兩種由動詞"有"、"無"同"所"字片語構成的固定結構，整個結構爲動賓片語，通常可譯爲"有（所）……的東西（地方）"，"沒有（所）……的東西（地方）"等。例如：

①有所不行，知和而和，不以禮節之，亦不可行也。（《論語‧學而》）

②飽食終日，無所用心，難矣哉。（《論語‧陽貨》）

③物類之起，必有所始。（《荀子‧勸學》）

④子曰："由也好勇過我，無所取材。"（《論語‧公冶長》）

⑤潭中魚可百許頭，皆若空遊無所依。（柳宗元《小石潭記》）

例①"有所不行"可譯爲"有所行不通的地方"，例②"無所用心"可譯爲"沒有所用心的地方（即事情）"，例③"必有所始"可以譯爲"必定有所開始、發生的地方"，例④"無所取材"可以譯爲"沒有可取的地方（或東西）"，例⑤"皆若空遊無所依"可以譯爲"（魚）都好像在空中遊動，沒有所依仗的東西（即水）"。

6."……所以……"式

現代漢語的"所以"是連詞，表結果；而在文言文中，"所以"通常是由助詞"所"和介詞"以"構成的固定結構，既可表原因，又可表依據，通常可以翻譯爲"⋯⋯的原因"、"用來⋯⋯的（方法）"等。例如：

①吾黨之小子狂簡，斐然成章，不知所以裁之。（《論語·公冶長》）

②不以堯之所以治民治民，賊其民者也。（《孟子·離婁上》）

③公事畢，然後敢治私事，所以別野人也。（《孟子·滕文公上》）

④師者，所以傳道、授業、解惑也。（韓愈《師說》）

以上四例中的"所以"均表示依據，例①"不知所以裁之"可以譯爲"（我）不知道用來培養他們的方法"，例②"不以堯之所以治民治民，"可以譯爲"不按照堯用來治理百姓的方法治理百姓"，例③"所以別野人也"可以譯爲"（這就是）用來區別官吏同平常百姓的方法"，例④"所以傳道、授業、解惑也"可以譯爲"是用來傳授道理、教授學業，解釋疑難的"。

⑤故君子之所以日進，與小人之所以日退，一也。（《荀子·天論》）

⑥國之所以廢興存亡者亦然。（《孟子·離婁上》）

⑦親小人，遠賢臣，此後漢所以傾頹也。（諸葛亮《出師表》）

⑧吾所以爲此者，以先國家之急而後私仇也。（《史記·廉頗藺相如列傳》）

以上四例中的"所以"均表原因，例⑤可以譯爲"所以君子一天比一天進步的原因，同小人一天比一天退步的原因，是一樣的"。例⑥可以譯爲"國家興衰存亡的原因也是這樣"。例⑦"此後漢所以傾頹也"可以譯作"這是後漢衰敗傾覆的原因"。例⑧

“吾所以爲此者”可以譯爲“我這樣做的原因”。

當然，古漢語中“所以”也有作“因此”解，表結果的，例如：

⑨吾聞衛世子不肖，所以泣也。（《韓詩外傳》）

例⑨的“所以”同今天現代漢語的用法一致，可以不譯。但是這種情況較爲少見。

7.“有……於此”式

這是文言文用來舉例說明某個問題時常用的一種固定格式，翻譯時不必照字面譯作“有……在這裏”，而只需譯爲“比如有”，也可譯爲“假如有。”例如：

①今有璞玉於此，雖萬鎰，必使玉人雕琢之。（《孟子·梁惠王下》）

②有人於此，毀瓦畫墁，其志將以求食也，則子食之乎？（《孟子·滕文公下》）

③有楚大夫於此，欲其子之齊語也，則使齊人傅諸？使楚人傅諸？（《孟子·滕文公下》）

④今且有人於此，以隨侯之珠，彈千仞之雀，世必笑之。（《莊子·讓王》）

例①“有璞玉於此”可以譯爲“比如（或‘假如’）有塊未經雕琢的寶石”，例②③④可據此類推。

文言文中除了“有……於此”式外，也常用“（今）有……者”式來引出作爲佐證的例子：

①今有人日攘其鄰之雞者，或告之曰：“是非君子之道。”（《孟子·滕文公下》）

②今有受人之牛羊而爲之牧之者，則必爲之求牧與芻矣。（《孟

子‧公孫醜下》）

　　"（今）有……者"的今譯同"有……於此"式，例①可以譯爲"比如有一個人每天偷鄰人一隻雞，有人告訴他說：這不是君子的行爲"。例②可以譯爲"比如有一個人，接受別人的牛羊而替人放牧，那必定要替牛羊找牧場和草料"。

三、常見的被動表示法

1. "動詞+于+行爲的主動者"式

　　這種句子是在動詞後面用介詞"於"引進動作行爲的主動者。這種被動句在先秦時期較常見。需要注意的是："於"並不表示被動，而是動詞用於被動意義。這種句子在譯成現代漢語時，要把"於……"譯作"被……"，並移到動詞的前面。例如：

　　①郁克傷於矢，流血及屨。（《左傳‧成公二年》）

　　②勞心者治人，勞力者治於人。（《孟子‧滕文公上》）

　　③東敗於齊，長子死焉；西喪地於秦七百里，南辱於楚。（《孟子‧梁惠王上》）

　　④夫趙強而燕弱，而君幸於趙王。（《史記‧廉頗藺相如列傳》）

　　⑤懷王以不知忠臣之分，故內惑於鄭袖，外欺於張儀。（《史記‧屈原賈生列傳》）

　　例①中，介詞"於"放在動詞"傷"的後面，引進行爲的主動者"矢"。"傷於矢"就是被箭射傷的意思。例②③④⑤同此。

2. "爲+行爲的主動者+動詞"式

　　這種句子是在動詞前面，用介詞"爲"引進動作行爲的主動者。"爲"譯作"被"。例如：

①身客死于秦，爲天下笑。（《史記·屈原賈生列傳》）

②然則今有闗堯、舜、禹、湯、文武之道於當今之世者，必爲新聖笑矣。（《韓非子·五蠹》）

③道術將爲天下裂。（《莊子·天下》）

④吾屬今爲之虜矣。（《史記·項羽本紀》）

⑤及其衰也，數十伶人困之，而身死國滅，爲天下笑。（《五代史·伶官傳序》）

例①中，介詞“爲”放在動詞“笑”的前面，引進動作行爲的主動者“天下”。“天下”指天下之人。“爲天下笑”就是被天下人恥笑的意思。例②③④⑤同此。

3. “為+行為的主動者+所+動詞”式

這種句子，除了用介詞“爲”引進動作行爲的主動者外，還在動詞前面加上“所”字。“爲”譯作“被”；“所”不譯，可以保留，也可以去掉。這種結構在漢代以後最常見，它一直沿用到現代漢語的書面語裏。例如：

①世子申生爲驪姬所譖。（《禮記·檀弓上》）

②征和二年，衛太子爲江充所敗。（《漢書·霍光傳》）

③嬴聞如姬父爲人所殺：（《史記·魏公子列傳》）

④悲夫！有如此之勢而爲秦人積威之所劫，日削月割，以趨於亡。（蘇洵《六國論》）

⑤周處年少時，凶強俠氣，爲鄉里所患。（《世說新語·自新》）

例①中，介詞“爲”放在“所”和動詞“譖”的前面，引進動作行爲的主動者“驪姬”。“爲驪姬所譖”就是被驪姬誣陷的意思。例②③④⑤同此。

4. "為+動詞"式

這種句子在動詞前面用"爲"字表示被動，"爲"字後面不出現動作行爲的主動者。"爲"譯作"被"。例如：

①父母宗族，皆爲戮沒。（《戰國策·燕策》）

②自今無有代其君任患者，有一於此，將爲戮乎？（《左傳·成公二年》）

③揚幹爲戮。（《左傳·襄公三年》）

④牛馬爲用。（《荀子·王制》）

⑤誠令成安君聽足下計，若信者亦已爲禽矣。（《史記·淮陰侯列傳》）

⑥靈公少侈，民不附，故爲弑易。（《史記·晉世家》）

⑦吳廣素愛人，士卒多爲用者。（《史記·陳涉世家》）

例①中，"爲"放在動詞"戮"和"沒"的前面，表示被動。"爲戮沒"就是被殺害或被沒收入官爲奴婢的意思。其餘同此。

5. "見+動詞"式

這種句子在動詞前面用"見"字表示被動，譯作"被"："見"不能引進動作的主動者。例如：

①厚者爲戮，薄者見疑。（《韓非子·說難》）

②百姓之不見保，爲不用恩焉。（《孟子·梁惠王上》）

③舉世皆濁我獨清，眾人皆醉我獨醒，是以見放。（《楚辭·漁父》）

④高祖且至楚，信欲發兵反；自度無罪，欲謁上，恐見禽。（《史記·淮陰侯列傳》）

⑤臣聞武帝使中郎將蘇武使匈奴，見留二十年。（《漢書·燕刺王旦傳》）

例①中，“見”放在動詞“疑”的前面，表示被動。“薄者見疑”就是輕的被懷疑的意思。其餘同此。

6.“見+動詞+于+行為的主動者”式

這種句子在動詞前面用“見”表示被動，在動詞後面用介詞“於”引進動作行為的主動者。這種句子在譯成現代漢語時，要把“於……”譯作“被……”，並移到動詞的前面，“見”不需再翻譯。例如：

①吾長見笑於大方之家。（《莊子·秋水》）

②蔡澤見逐於趙。（《戰國策·秦策》）

③臣誠恐見欺於王而負趙，故令人持璧歸，間至趙矣。（《史記·廉頗藺相如列傳》）

④先絕齊而後責地，則必見欺於張儀。（《史記·楚世家》）

⑤然而公不見信於人，私不見助於友。（韓愈《進學解》）

例①中，“見”放在動詞“笑”前面，表示被動；介詞“於”放在“笑”後面，引進動作行為的主動者“大方之家”。“見笑於大方之家”就是被學識廣博、懂得大道理的人恥笑的意思。

四、賓語前置的類型

古漢語，賓語的位置在一般情況下同現代漢語一樣，置於謂語動詞之後。但是在特定情況下，賓語可以置於謂語動詞的前面。主要有以下幾種類型。

1.否定句中代詞賓語前置

這類賓語前置包含兩個條件：①賓語必須是代詞。②全句必須是否定句，即必須有否定副詞“不、未、毋（無）”等或否定性無定代詞“莫”。“不、未、毋（無）”等在句中做狀語（下面例②中的"無"通"毋"），"莫"在句中作主語。例如：

①居則曰："不吾知也。"（《子路曾皙冉有公西華侍坐》）

②我無爾詐，爾無我虞。（《左傳・宣公十五年》）

③仲尼之徒無道桓文之事者，是以後世無傳焉，臣未之聞也。（《孟子・梁惠王上》）

④保民而王，莫之能禦也。（《孟子・梁惠王上》）

⑤殘賊公行，莫之或止；大命將泛，莫之振救。（賈誼《論積貯疏》）

例①中"吾"做動詞"知"的賓語，放在"知"的前面，"不吾知也"即"不知吾也"，是說"不瞭解我啊"。其他諸例同。

2.疑問句中疑問代詞賓語前置

在古代漢語疑問句中，疑問代詞賓語前置有兩種情況：

A.疑問句中疑問代詞做動詞的賓語，一般置於動詞之前。例如：

①臣實不才，又誰敢怨？（《左傳・成公三年》）

②敢問何謂也？（《左傳・隱公元年》）

③孟嘗君曰："客何好？"（《馮諼客孟嘗君》）

④"許子冠乎？"曰："冠。"曰："奚冠？"曰："冠素。"（《孟子・滕文公上》）

⑤夫當今生民之患果安在哉？（蘇軾《教戰守策》）

例①中，疑問代詞"誰"作動詞"怨"的賓語，放在"怨"的前面。"誰敢怨"等於說"敢怨誰"。其他諸例同。

B.疑問代詞作介詞的賓語，一般置於介詞之前。例如：

①臣舍人相如止臣曰："君何以知燕王？"（《史記・廉頗藺相如列傳》）

②何由知吾可也？（《孟子·梁惠王上》）

③曷爲久居此圍城之中而不去也？（《戰國策·趙策》）

④卒然邊境有急，數千百萬之衆，國胡以餽之？（賈誼《論積貯疏》）

⑤百姓足，君孰與不足？百姓不足，君孰與足？（《論語·顏淵》）

例①中，疑問代詞"何"做介詞"以"的賓語，放在"以"的前面。"何以"等於說以"何"。其他諸例同。

3.賓語前置用代詞"是"或"之"複指

在古代漢語中，有時爲了強調賓語，可以把賓語提到動詞前面，用代詞"是"或"之"複指，"是、之"都不必翻譯。有的初學者對於這種結構認識不夠清楚，或者把"是"看作判斷詞，把"之"看作結構助詞，或者把前置賓語誤認爲是全句主語，等等，這些錯誤都是應該糾正的。例如：

①將虢是滅，何愛于虞？（《左傳·僖公五年》）

②寡人其君是惡，其民何罪？（《國語·晉語》）

③孔子曰："求，無乃爾是過與？"（《論語·季氏》）

④君亡之不恤，而群臣是憂，惠之至也。（《左傳·僖公十五年》）

⑤詩雲："他人有心，予忖度之"。夫子之謂也。（《孟子·梁惠王上》）

⑥依乎天理，批大郤，導大窾，因其固然，技經肯綮之未嘗，而況大軱乎？（《莊子·養生主》）

例①中"虢"作動詞"滅"的賓語，爲了強調這個賓語，把它提到"滅"的前面，並加代詞"是"複指。"將虢是滅"等於

說 "將滅虢"。其他諸例同此。

如果前置賓語是代詞,就只能用 "之" 複指,而不能用 "是"。例如:

⑦傳曰: "君者,舟也;庶人者,水也。水則載舟,水則覆舟。" 此之謂也。(《荀予·王制》)

⑧野語有之曰: "聞道百,以爲莫己若" 者,我之謂也。(《莊子·秋水》)

⑨ "我之懷矣,自詒伊戚。" 其我之謂矣!(《左傳·宣公二年》)

4· "惟(唯)……是(之、之為)……" 句式

在前面賓語前置用代詞 "是" 或 "之" 複指的句式中,有時還可以在前置賓語的前面,加上一個範圍副詞 "惟" 或 "唯" 字做狀語,表示動作行爲對象的單一性和排他性。用來複指的除 "是、之" 外,還有 "之爲",這樣就構成了 "惟(唯)……是(之、之爲)……" 句式。"惟、唯" 譯作 "只是、只有","之爲" 不必翻譯。例如:

①鬼神非人實親,惟德是依。(《左傳·僖公五年》)

②父母唯其疾之憂。(《論語·爲政》)

③唯仁之爲守,唯義之爲行。(《荀子·不苟》)

④使弈秋誨二人弈,其一人專心致志,惟弈秋之爲聽。(《孟子·告子上》)

⑤當其取於心而注於手也,惟陳言之務去,戞戞乎其難哉!(韓愈《答李翊書》)

例①中, "德" 做動詞 "依" 的賓語,爲了強調這個賓語,把它提到 "依" 的前面,加代詞 "是" 複指,又在前置賓語前面

加上範圍副詞 "陸"。(唯德是依" 等於說 "惟依德"。前面 "非人實親" 中，"人" 做動詞 "親" 的賓語，爲了強調而前置，加代詞 "實" 複指。其他諸例同。

五、文言虛詞：語氣詞和連詞

文言虛詞在古文中的作用是不可低估的。清代著名學者劉淇在他的那部虛詞名著《助字辨略》的扉頁如此寫道："構文之道，不過實字、虛字兩端，實字其體骨，而虛字其性情也。蓋文以代言，取肖神理，抗墜之際，軒輊異情，虛字一乖，判于燕越，柳柳州所由發哂于'杜溫夫'者邪！且夫一字之失，一句爲之磋跎；一句之誤，通篇爲之梗塞，討論可闕如乎！" 三言兩語便從篇章學、閱讀學這兩個角度將虛詞在文章章法、結構、表情達意中的功能以及在文章閱讀、文意理解中的作用闡述得一清二楚，討論古文的閱讀，虛詞的理解及把握問題，實不可 "闕如"。不但如此，更由於文言虛詞絕大多數無論在意義上還是在用法上都同現代漢語虛詞有著很大的差異，若以今律古，不免乖誤，因此虛詞的今譯也就自然而然地成爲學習文言文的重點、難點之一。

根據目前大中學生在文言虛詞的理解中存在的問題，本節將有選擇地討論兩類常人頗感棘手的虛詞 —— 語氣詞和連詞。

(一) 語氣詞及其對譯

文言文中語氣詞是用得很普遍的，它是用來表示陳述、疑問、反問、感歎、祈使、提頓等語氣的，理解時要注意兩點。

一是注意不同語氣的細微差別。例如 "也" 和 "矣" 用法相接近，但彼此又有區別，古人曾說："也之與矣，相去千里。"，

《淮南子‧說林訓》）呂叔湘先生在《文言虛字》裏說："'矣'字用於直陳語氣，和'也'字大有區別。簡單地說'也'字是靜性的語助詞，表本然之事；'矣'字是動性的語助詞，表已然或將然之事，即經過一番變動而成之事。""矣"字在現代漢語中有一個"了"字跟它基本相合，今譯時一般可用"了"字對譯。例如：

①有蔣氏者，專其利三世矣。（柳宗元《捕蛇者說》）

②以故，城中益空無人，又困貧，所從來久遠矣。（《史記‧滑稽列傳》）

"也"字在陳述句中的基本作用是判斷靜止性的事情。有時可譯為"啦"、"啊"，有時可以不譯。例如：

③蒼顏白髮，頹然乎其間者，太守醉也。（歐陽修《醉翁亭記》）

④夫大國難測也。（《左傳‧莊公十年》）

⑤亞父者，范增也。（《史記‧項羽本紀》）

例③對譯為"啦"，例④對譯為"啊"，例⑤不必譯。

二是要注意語氣詞的連用。在文言文中，語氣詞連用的情況是很多的。連用時，一般說來重點落在末一個語氣詞上，所以今譯時通常只要把這個語氣詞對譯出來就可以了。例如：

⑥窮予生之光陰以療梅也哉！（龔自珍《病梅館記》）

⑦其可怪也與？（韓愈《師說》）

例⑥的"哉"表感歎，對譯為"啊"，例⑦的"與"表商量語氣，對譯為"吧"。

古代漢語的語氣詞有時可以表示幾種語氣，它的位置一般是在句子的末尾，但也有位於句中的。今譯時雖有規律可循，但又不能死譯，要根據語言環境做相應的處理，下面試就幾個常用的語氣詞分別給予舉例說明。

1.也

語氣詞"也"，一般說來有兩種用法。一種是用在句尾，一種是用在句中。用在句尾的，大多表示的是肯定語氣：一是用在判斷句的句尾，一是用在敍述句的句尾，但也有用在疑問句、感歎句、祈使句句尾的。

（1）"也"字用在判斷句句尾。

①項籍者，下相人也。（《史記·項羽本紀》）

②和氏璧，天下所共傳寶也。（《史記·廉頗藺相如列傳》）

③奪項王天下者，必沛公也。（《史記·項羽本紀》）

④沛公之參乘，樊噲者也。（《史記·項羽本紀》）

以上四個判斷句都用"也"字煞尾，它的作用是加強判斷的肯定語氣，可以用"啊"字來對譯，也可以不譯。譯或不譯應揣摩語氣的強弱來決定。例①②可以不譯，例③④根據上下文可知談話的人語氣強烈，可以譯爲"啊"。

（2）"也"字用在敍述句句尾。

①不患人之不己知，患不知人也。（《論語·學而》）

②今以鐘磬置水中，雖大風浪不能鳴也。（蘇軾《石鐘山記》）

③飲少輒醉，而年又最高，故自號曰醉翁也。（歐陽修《醉翁亭記》）

④蟹六跪而二螯，非蛇蟺之穴無可寄託者，用心躁也。（《荀子·勸學》）

例①②的"也"是表示謂語所陳述的內容確實存在的，對整個句子的句意加強肯定。這個"也"字可對譯爲"啊"，也可以不譯，由語氣的強弱決定。例①語氣強烈，可對譯爲"啊"，例②較弱，可不譯。例③④表示因果關係，例③語氣較弱，可不譯，例④語氣較強。可對譯爲"啊"。

（3）"也"字用在疑問句、感歎句、祈使句句尾。

①何爲不去也？（《劄記·檀弓下》）

②是何楚人之多也！（《史記·項羽本紀》）

③寡人已知將軍能用兵矣；寡人非此二姬，食不甘味，願勿斬也！（《史記·孫子吳起列傳》）

例①表疑問，可對譯爲"呢"，例②表感歎，可對譯爲"呢"，例③表祈使，可對譯爲"吧"。

還有一種用在句中的"也"，表示停頓的語氣，以期引起對方注意，傾聽下文。這種"也"字大都用在主語的後面，有時也用在複句中前一分句的句尾，也有用在時間詞、副詞之後的。這種"也"與現代漢語的"啊"字相當。例如：

①賜也何敢望回。（《論語·公冶長》）

②惑而不從師，其爲惑也，終不解矣。（韓愈《師說》）

③古也墓而不墳。（《劄記·檀弓上》）

例①的"也"在主語"賜"後，例②的"也"在分句"其爲惑"後，例③的"也"在時間詞"古"後。

2.矣

"矣"字前面已講過，它和現代漢語的語氣詞"了"基本相合，比較容易掌握。它大多用在敍述句句尾，表示一種直陳語氣，說明一件事情有一個發展變化過程，表示動作行爲已實現，或將實現。也有用在疑問句、感歎句、祈使句後面的。例如：

①有蔣氏者，專其利三世矣。（柳宗元《捕蛇者說》）

②天下苦秦久矣。（《史記·陳涉世家》）

③如此，則荊吳之勢強，鼎足之形成矣。（《資治通鑒·建安十三年》）

④不過三歲，塞下之粟必多矣。（晁錯《論貴粟疏》）

⑤太后曰："敬諾！年幾何矣？"（《戰國策·趙策》）

⑥甚矣！吾不知其人也！（《史記·刺客列傳》）

⑦孟嘗君不說曰："諾，先生休矣！"（《戰國策·齊策》）

例①②表示動作行為已實現，例③④表示動作行為將實現，例⑤表疑問，例⑥表感歎，例⑦表祈使。以上的"矣"都可以對譯為"了"。

3.乎

"乎"在句中位置有兩種：一種是在句尾，一種是在句中。它主要用於疑問句和感歎句中，可用現代漢語的語氣詞"嗎、呢、吧"和"啊、吧"等對譯。

用在句尾表疑句語氣的有三種情況：一是表示真性的詢問語氣。例如：

①壯士！能複飲乎？（《史記·項羽本紀》）

②若毒之乎？（柳宗元《捕蛇者說》）

③劉豫州何不遂事之乎？（《資治通鑒·建安十三年》）

例①②可對譯為"嗎"，例③可對譯為"呢"。

二是表示反詰語氣的。例如：

①孟子曰："是焉得為大丈夫乎？"（《孟子·滕文公下》）

②事不目見耳聞，而臆斷其有無，可乎？（蘇軾《石鐘山記》）

③安能複為之下乎？（《資治通鑒·建安十三年》）

例①③可對譯為"呢"。例②可對譯為"嗎"。

三是表示揣測語氣的。例如：

①日食飲得無衰乎？（《戰國策·趙策》）

②聖人之所以爲聖，愚人之所以爲愚，其皆出於此乎？（韓愈《師說》）

③而彭祖乃今以久特聞，眾人匹之，不亦悲乎？（《莊子·逍遙遊》）

例①的"乎"期待對方回答，可對譯爲"吧"；例②③的"乎"不期待對方回答；例②推測中還兼有感歎，可對譯爲"吧"；例③可對譯爲"嗎"。

"乎"字用在分句句尾表感歎的，可用現代漢語的"啊"對譯。例如：

①長鋏歸來乎！食無魚。（《戰國策·齊策》）

②天乎，仲爲不道，殺適立庶。（《左傳·文公十八年》）

③惜乎，子不遇時，如令子當高帝時，萬戶侯豈足道哉！"（《史記·李將軍列傳》）

三個"乎"都用在分句句尾，可以譯成"啊"。

"乎"字也可用在句中，一般用在句子中的停頓處，可對譯爲"啊"。例如：

①以無厚入有間，恢恢乎其于遊刃必有餘地矣。（《莊子·養生主》）

②默默乎河伯，女惡知貴賤之門，小大之家！（《莊子·秋水》）

4.哉

"哉"在句中的位置有兩種：一種是在句尾，一種是在句中。它主要用在疑問句和感歎句中，可用現代漢語"呢、呀、嗎"和

“啦、呀”等對譯。“哉”用在疑問句中以反詰句最普遍，常和副詞“豈”或疑問代詞搭配，用在詢問句中常和疑問代詞相搭配，帶有感歎的語氣。例如：

①是豈無堅甲利兵也哉？（《荀子‧議兵》）

②豈人主之子孫則必不善哉？（《戰國策‧趙策》）

③禽獸之變詐幾何哉？（《聊齋志異‧狼》）

④而此獨以鐘名，何哉？（蘇軾《石鐘山記》）

例①②的“哉”與“豈”搭配，表反詰語氣，對譯爲“嗎”，例③④的“哉”與疑問代詞“何”搭配，表詢問語氣，對譯爲“呢”。

“哉”用在感歎句中，一般也用“呀”、“啊”等對譯。例如：

①小子安知壯士志哉！（《後漢書‧班超傳》）

②何有於我哉！（《論語‧述而》）

③賢哉回也！（《論語‧雍也》）

④大哉堯之爲君也。（《論語‧泰伯》）

例①②的“哉”在句尾，表感歎，可對譯爲“呀”，例③④是主謂倒裝句，“哉”位於提前了的謂語末尾，可對譯爲“啊”。

5.焉[12]

“焉”所表示的語氣，跟現代漢語的“呢”語氣很接近，但又不是句句都可以用“呢”字來對譯的。“焉”用做語氣詞主要

---

12 這裏討論的是用作純語氣詞的“焉”。“焉”還經常用作兼詞：指示代詞兼語氣詞，可解作“於此”或“於是”，例如：“吾舅死于虎，吾夫又死焉。”（《禮記‧檀弓》）“夫大國難測也，懼有伏焉。”（《左傳‧莊公十年》）

表示陳述語氣，其次是表示疑問和感歎語氣。它的位置一般在句尾，但也有在句中的。先看表陳述的語氣。

①宅邊有五柳樹。因以爲號焉。（陶淵明《五柳先生傳》）

②三人行，必有我師焉。（《論語·述而》）

③自此冀之南、漢之陰，無隴斷焉。（《列子·湯問》）

以上三例中的"焉"不必對譯爲"呢"。但用於疑問句和感歎句中一般可用"呢"、"呀"對譯。例如：

①王若隱其無罪而就死地，則牛羊何擇焉？（《孟子·梁惠王上》）

②君哉舜也！巍巍乎有天下而不與焉！（《孟子·滕文公上》）

例①的"焉"表疑問，對譯爲"呢"，例②的"焉"表感歎，對譯爲"呀"。

"焉"也有用在句中停頓地方的。例如：

①少焉，月出於東山之上，徘徊于鬥牛之間。（蘇軾《赤壁賦》）

②於是焉河伯欣然自喜，以天下之美爲盡在己。（《莊子·秋水》）

以上兩例的"焉"，現代漢語中沒有相當的詞對譯。

6.耳

"耳"字用在句尾，有的用"罷了"對譯，有的可用"呢"、"了"等對譯，這由語氣輕重、語意連貫等所決定。例如：

①直不百步耳，是亦走也。（《孟子·梁惠王上》）

②口耳之間，則四寸耳。（《荀子·勸學》）

③昔甘茂之孫甘羅，年少耳，然名家之子孫，諸侯皆聞之。（《史記·樗裏子甘茂列傳》）

④臣乃今日請處囊中耳。（《史記‧平原君虞卿列傳》）

⑤晉鄙吱嗒宿將，往恐不聽，必當殺之，是以泣耳。（《史記‧魏公子列傳》）

例①②的"耳"語氣較強，可對譯為"罷了"，例③的"耳"語氣較弱，可對譯為"呢"，例④的"耳"同"矣"，可對譯為"了"，例⑤的"耳"根據語意可對譯為"啊"。

7.歟

歟，也作"與"，用法大致和"乎"相近。一般用在句末，也有在句中的。"歟"，有表特指疑問的，有表反詰疑問的，有表感歎的，翻譯成現代漢語大致跟"嗎、呢、啊、吧"相當。例如：

①商君曰："子不說吾治秦與？"（《史記‧商君列傳》）

②四海之大，有凡人歟？（張溥《五人墓碑記》）

③子非三閭大夫歟？（《史記‧屈原賈生列傳》）

④舜其大孝也與！（《禮記‧中庸》）

⑤（榮）乃於邑曰："其是吾弟與！"（《史記‧刺客列傳》）

例①的"與"表特指疑問，譯成"嗎"，例②③的"歟"可分別譯成"呢"和"嗎"，例④⑤的"與"可分別譯成"啊"和"吧"。感歎語氣根據強弱不同而選擇對譯詞語，要恰當處理。

（二）連詞及其對譯

連詞恐怕是文言虛詞的今譯中最難把握處理的詞類之一，因為它往往介於可譯可不譯之間，而且無論是譯還是不譯，均既要照顧原文的語氣 —— 力求使譯文不走樣、不變形，又要考慮譯文的規範、流暢 —— 力求使譯文符合現代漢語的語言習慣。何時該譯何時不譯，如何恰切地對譯等等問題，常常是困擾初學者的攔路石，往往會影響譯文的傳真性、規範性。這裏我們選擇幾個最常見的連詞，做一番討論分析。

8.之

連詞"之"[13]的用法，概括起來主要有三種：一種是連接定語和中心語，一種是連接主語和謂語，一種是連接主語和介詞短語。

（1）"之"連接定語和中心語，表示領屬、修飾等關係。

①今臣之刀十九年矣。（《莊子·養生主》）

②域民不以封疆之界，固國不以山溪之險。（《孟子·公孫醜下》）

③小大之獄，雖不能察，必以情。（《左傳·莊公十年》）

④夫秦王有虎狼之心。（《史記·項羽本紀》）

例①②中的"之"表領屬（限制）關係，例③④中的"之"表修飾關係，在通常情況下，這種"之"字可今譯為現代漢語的結構助詞"的"字，但不可把"之"和"的"等同起來：首先是詞性不同，"的"為助詞，"之"為連詞；其次是語法功能不同，"的"可以同它前面的詞或短語組合構成"的"字短語，做主語和賓語，而"之"則只能起連接它前邊的定語和它後邊的中心語的作用，它無法單個同它前邊的定語組合構成短語。

連接定語和中心語的"之"除表示領屬、修飾關係之外，有時還可表示一種同一性的偏正關係："之"所連接的兩個名詞性成分指的是同一類事物，而且往往是種（定語）與屬（中心語）

---

13 這種情況的"之"，不少書均作結構助詞，作用同"的"，其實不然。現代漢語中的"的"字可以同它前面的成分構成"的"字短語，而"之"不能。我們將它處理作連詞。

的關係，這種"之"字可以今譯爲"這（那）樣的"、"這（那）種"、"這（那）些"等。例如：

①以君之力，曾不能損魁父之丘。（《列子·湯問》）

②公輸盤爲楚造雲梯之械。（《墨子·公輸》）

③齊明、周最、陳軫、召滑、樓緩、翟景、蘇厲、樂毅之徒通其意。（賈誼《過秦論》）

例①中的"之"可譯爲"這樣的"，例②中的"之,可譯爲"這種"，例③中的"之"可譯爲"這些"。

（2）"之"連接主語和謂語，使主謂短語呈現名詞性。例如：

①孤之有孔明，猶魚之有水也。（《三國志·諸葛亮傳》）

②媼之送燕後也，持其踵，爲之泣。（《戰國策·趙策》）

③師道之不傳也久矣。（韓愈《師說》）

④不虞君之涉吾地也。（《左傳·僖公四年》）

上述四例中的主謂短語"孤有孔明"、"魚有水"、"媼送燕後"、"師道不傳"、"君涉吾地"原本是謂詞性短語，主謂之間加了個"之"以後便成爲名詞性短語了[14]，分別做主語（例①②③）和賓語（例④）。連接主語謂語的"之"在現代漢語中沒有相當的詞可以對譯，所以通常無需譯出。

不少書將"之"的這種用法稱作爲"取消句子獨立性"，這種說法在例①②固然講得通，然而在例③④則頗難講通：無論"師道不傳"還是"君涉吾地"，均爲句中短語而非獨立的句子，加了個"之"之後，怎麼能說是取消了"句子"的獨立性呢？

---

14 中學語文課本以及不少講虛詞的書均將這種"之"的用法稱爲"取消句子獨立性"，殊爲不妥，這裏顯然將主謂短語同一般主謂句混爲一談，是不科學的。

（3）“之”連接主語和介詞短語，強調作狀語的介詞短語。例如：

①寡人之于國也，盡心焉耳已矣。（《孟子·梁惠王上》）

②二子之於法術，皆未盡善也。（《韓非子·定法》）

③且今時趙之于秦，猶郡縣也。（《史記·張儀列傳》）

現代漢語中沒有合適的虛詞可以對譯，這種用法的“之”通常不譯。

做連詞的“之”除了以上三種主要的用法外，還有一種不太常見的用法：連接兩個或兩個以上的名詞，同現代漢語的連詞“和”對當。例如：

①皇父之二子死焉。（《左傳·文公十一年》）

②昔者鬼侯之鄂侯、文公，紂之三公也。（《戰國策·趙策》）

例①中的“皇父之二子”是指“皇父和他的兩個兒子”，例②中的“鬼侯之鄂侯、文公”是指“鬼侯和鄂侯、文公”。不過“之”的這種用法較爲罕見。

9.而

連詞“而”的用法相當複雜，概括起來，主要有三種情況：

（1）“而”連接並列的兩種成分，表示兩種性質或行爲的聯繫。

①士不可以不弘毅，任重而道遠。（《論語·泰伯》）

②強本而節用，則天不能貧。（《荀子·天論》）

③亡羊而補牢，未爲遲也。（《戰國策·楚策》）

④尉劍挺，廣起，奪而殺尉。（《史記·陳涉世家》）

⑤恭而無禮則勞。慎而無禮則葸。（《論語·泰伯》）

⑥秦無亡矢遺鏃之費，而天下已困矣。（賈誼《過秦論》）

例①②的“而”連接兩個短語，兩個短語處於平等關係，無先後之分，這種"而"字既可對譯爲"且、又"，也可不譯。例③的"而"連接兩個短語，例④的"而"則連接詞和短語，"而"字的前後兩項，存在先後關係，或是動作時間順序上的承接，如例③，或是事情因果聯繫上的相承，如例④，因此，"而"可對譯爲"便、就"等。例⑤的"而"連接詞和短語，例⑥的"而"連接兩個句子，"而"字的前後兩項，存在相對或相反的關係，"而"字實際上表示一種轉折的意思，當它連接的是詞、短語時，通常可譯爲"卻"，如例⑤；當它連接的是句子的時候，通常可譯爲"然而"，如例⑥。

（2）"而"連接狀語和謂語動詞，狀語往往是謂語動詞所表動作、行爲的方式、狀態、原因、時間、方位等，兩者是一種順承關係。

①夫子式而聽之。（《禮記·檀弓下》）

②吾恂恂而起，視其缶，而吾蛇尚存，則弛然而臥。（柳宗元《捕蛇者說》）

③未至，道渴而死。（《山海經·夸父追日》）

④吾嘗終日而思矣，不如須臾之所學也。（《荀子·勸學》）

⑤北山愚公，年且九十，面山而居。（《列子·湯問》）

⑥昌以氂懸虱於牖，南面而望之。（《列子·湯問》）

例①"而"之前的狀語"式"（同"軾"，即扶軾）是"而"之後的動詞"聽"的方式，例②的"恂恂、弛然"分別是謂語動詞"起"、"臥"的狀態，例③的"道渴"是"死"的原因，例④的"終日"是"思"的時間，例⑤⑥的"面山"、"南面"分別是"居、望"的方位。按現代漢語的習慣，上述幾種情況下通常不用連詞，所以上述六例中的"而"以及其他與此同類的

“而”字，通常無需譯出，也實在沒有合適的詞可以對譯。

（3）“而”連接主語和謂語，表假設、轉折等關係。

①管氏而知禮，孰不知禮？（《論語·八佾》）

②子產而死，誰其嗣之？（《左傳·襄公三十年》）

③諸君而有意，瞻予馬首可也。（《清稗類鈔·馮婉貞勝英人于謝莊》）

④十人而從一人者，寧力不勝，智不若耶？（《戰國策·趙策》）

⑤人而無信，不知其可也。（《論語·爲政》）

例①②③中的“而”字表假設，可譯爲“假如”；例④⑤中的“而”字表轉折，可譯爲“卻”。

10.以

連詞“以”的用法主要有三種：一種是連接兩個動詞或動詞性短語，一種是連接兩個形容詞或形容詞性短語，一種是連接狀語和謂語動詞。

（1）“以”連接動詞或動詞性短語，表動作行爲的相承、目的、結果。例如：

①自始合，而矢貫餘手及肘，餘折以禦。（《左傳·成公二年》）

②越國以鄙遠，君知其難也；焉用亡鄭以陪鄰？（《左傳·僖公三十年》）

③一狼洞其中，意將隧入以攻其後也。（《聊齋志異·狼》）

④屬予作文以記之。（范仲淹《岳陽樓記》）

例①的“以”連接兩個動詞，表動作的先後，意同“而”，可不譯，也可譯爲“爾後”。例②前一個“以”字連接兩個動詞性短語，用法同例①，無需譯出；後一個“以”字表結果：“亡鄭”的後果是“陪鄰”，“以”可不譯，也可譯作“去”。例③

④的"以"均表目的："隱入"、"作文"的目的是"攻其後"、
"記之"，"以"的這種用法最為常見，可不譯，也可譯作
"來"。

（2）"以"連接形容詞或形容詞性短語等，表示並列關係。
例如：

①夫夷以近，則遊者眾；險以遠，則至者少。（王安石《遊
褒禪山記》）

②深林杳以冥冥兮，乃磑狄之所居。（屈原《涉江》）

③治世之音安以樂，亂世之音怨以怒，亡國之音哀以思。（《禮
記‧樂記》）

④使民敬、忠以勸，如之何？（《論語‧為政》）

上述四例中的"以"均表示並列關係，通常可譯為"且"、
"又"。

（3）"以"連接狀語和謂語動詞，表動作、行為的方式、狀
態。例如：

①樊噲側其盾以撞，衛士僕地。（《史記‧項羽本紀》）

②予與四人擁火以入。（王安石《遊褒禪山記》）

③各各竦立以聽。（《聊齋志異‧促織》）

④木欣欣以向榮，泉涓涓而始流。（陶淵明《歸去來兮辭》）

例①②中的"以"表方式："撞"的方式和"入"的方式；
例③④中的"以"表狀態："聽"的狀態和"向榮"的狀態。由
於現代漢語中沒有恰當的詞可以對譯，所以處於狀語和謂語動詞
之間的"以"字通常無需譯出。

11.雖

連詞"雖"的用法相對來說要簡單一些，一種是表示讓步，

這種用法現代漢語中也有，所以對譯時一般沒什麼問題。例如：

①君若以力，楚國方城以爲城，漢水以爲池，雖眾，無所用之。（《左傳·僖公四年》）

②天都雖近而無路，蓮花可登而路遙。（徐宏祖《游黃山日記》）

例①②中的"雖"一般都知道當譯爲"雖然"。

"雖"還有一種用法是表假設，作用同"縱"。例如：

①安陵君受地于先王而守之，雖千里弗敢易也，豈直五百里哉？（《戰國策·魏策》）

②雖有天下易生之物也，一日暴之，十日寒之，未有能生者也。（《孟子·告子上》）

③今雖死乎此，比吾鄉鄰之死則已後矣。（柳宗元《捕蛇者說》）

④今以鐘磬置水中，雖大風浪不能鳴也，而況石乎！（蘇軾《石鐘山記》）

上述四例中的"雖"表假設，可譯爲"縱然、即使"。

如何區別表讓步的"雖"和表假設的和"雖"呢？這主要看"雖"連接的成分的內容：如果"雖"連接的成分所表達的事物是已經實現的或已經證實的，則"雖"表讓步，如例①中秦晉兩國軍隊之數量 —— "眾（多）"是已經存在的事實，例②中天都峰之距離 —— "近"是已經被證實的事實；反之，"雖"連接的成分所表達的事物是尚未實現或尚未證實的，則"雖"表假設，如例①中的以千里之地易安陵是尚未實現的事情，例②中的"天下易生之物"也是尚未被證實的事物。今譯時要注意分辨。

12.則

連詞"則"的用法雖然不少，但由於各種用法的含義在現代漢語中均有一些詞與之相當，只要留心文意，注意選擇，一般來說今譯並不麻煩。

（1）"則"連接兩個有時間上的先後關係的成分，表相承。例如：

①每聞琴瑟之聲，則應節而舞。（《聊齋志異·促織》）

②既其出，則或咎其欲出者。（王安石《遊褒禪山記》）

③問之，則曰："彼與彼年相若也，道相似也。"（韓愈《師說》）

上述三例中"則"連接的兩個部分均存在時間上的先後關係，均可譯為"就、便"。

（2）"則"連接兩個有假設或因果聯繫的成分，表推斷，結果。例如：

①王知如此，則無望民之多於鄰國也。（《孟子·梁惠王上》）

②若此論則無過務矣。（《呂氏春秋·察今》）

③忠之屬也，可以一戰，戰則請從。（《左傳·莊公十年》）

上述三例中"則"連接的兩個部分均存在假設關係，通常與"如""若"等詞配合使用，"則"可譯為"那就、那麼"。

④故木受繩則直，金就礪則利。（《荀子·勸學》）

⑤居安思危，思則有備，有備無患。（《左傳·襄公十一年》）

例④⑤中"則"連接的兩個部分均存在因果聯繫，"則"可譯為"便、就"。

（3）"則"連接兩個並列相承的成分，表轉折。例如：

①今雖死乎此，比吾鄉鄰之死，則已後矣。（柳宗元《捕蛇者說》）

②如平地三月花者，深山中則四月花。（《夢溪筆談·采草藥》）

③手裁舉，則又超忽而躍。（《聊齋志異·促織》）

④公使陽處父追之，及諸河，則在舟中矣。（《左傳，僖公

三十三年》）

⑤至則無可用，放之山下。（柳宗元《黔之驢》）

例①②③的“則”表轉折的語氣較明顯，通常可譯作“卻”；例④⑤的“則”不少書都列爲另一個用法：表發現。其實從前後語義聯繫上看，這也是一種轉折 —— 與後來預料的相反，即發現一種意料之外的既成事實，我們覺得沒必要另列，可不譯，也可譯作“卻”。

除了以上三種最常見、最基本的用法外，“則”有時還可以表示讓步、假設，可譯爲“如果”“雖然”，例如：

①彼則肆然而爲帝，過而遂正於天下，則連有赴東海而死矣。（《戰國策・趙策》）

②善則善矣，未可以戰也。（《國語・吳語》）

例①的“則”表假設，可譯爲“假如”；例②中的“則”表讓步，可譯爲“雖然”、“倒是”。但是，“則”的這些用法，相對於前面提到的幾種用法則要少見的多。

同語氣詞一樣，連詞的今譯有較大的靈活性，具體操作時還是要揣摩上下文的文意，切不可拘泥、硬套教條、規律，有一本辭書將連接狀語和謂語動詞的“而”解作“來”，於是將“亡可翹足而待也”（《史記・高祖本記》）譯作“國家的滅亡是可以踮起腳尖來看到的了”，就是犯了硬套，死搬教條、規律的錯誤，以致譯文彆扭不暢。[15]

---

15 說見郭錫良等編《古代漢語》（上冊），北京出版社，1981；何樂士等編《古代漢語虛詞通釋》，北京出版社，1985。

綜合練習

一、單項選擇題

1. "妃嬪媵嬙，王子皇孫，辭樓下殿，輦來于秦"中"輦"屬於
　（　　）。

　　A.名詞活用作狀語　B.名詞活用爲一般動詞

　　C.名詞的使動用法　D.名詞的意動用法

2. "孟嘗君怪其疾也，衣冠而見之"中的"衣冠"（　　）。

　　A.均爲名詞，這裏活用作動詞　B.均爲動詞，這裏用作使動

　　C.前者爲動詞，後者爲名詞　D.前者爲名詞，後者爲動詞

3. "邑人奇之，稍稍賓客其父。"中的"賓客"屬於（　　）。

　　A.名詞活用作狀語　B.名詞的爲動用法

　　C.名詞的使動用法　D.名詞的意動用法

4. "今而後知君之犬馬畜伋。"中的"犬馬"可譯爲（　　）：

　　A.像犬馬一樣地　B.像對待犬馬一樣地

　　C.使犬馬　D.用犬馬

5. "狼速去！不然將杖殺汝。"中的"杖"應對譯爲（　　）。

　　A.手杖　B.像手杖似的　c.用手杖　D.刺或打

6. "君臣吏民能面刺寡人者受上賞"中的"面"可對譯爲（　　）。

　　A.在臉上　B.用麵條　C.當面　D.不顧臉面

7. "寇深矣，若之何？"中的"若"爲（　）詞。

　　A.連　B.介　C.動　D.副

8. "項伯孰與君少長"中的"與"爲（　）。

　　A.詞綴　B.助詞　C.介詞　D。語氣詞

9. "奚以……爲"結構中的"爲"是（　）。

　　A.動詞　B.介詞　C.語氣詞　D.代詞

10. "不亦……乎"結構中的"亦"爲（　）。

　　A.詞綴　B.副詞　C.連詞　D.語氣詞

11. "所謂故國者，非謂有喬木之謂也，有世臣之謂也"中的
　　"之"（　）。

　　A.爲代詞，複指故國　B.爲代詞，分別複指喬木和世臣

　　C.爲連詞　D.爲助詞

12. "郤克傷於矢"中的"於"（　）。

　　A.引進動作行爲的主動者　B.表被動

　　C.表原因　D.表處所

13. "臣聞武帝使中郎將蘇武使匈奴，見留二十年"中的"見"
　　（　）。

　　A.同"現"　B.表"看見"

　　C.表被動　D.作動詞首碼

14. "日食飲得無衰乎？"中的"乎"表（　）語氣。

　　A.詢問　B.反詰　C.揣測　D.感歎

15. "彼則肆然而爲帝，過而遂正於天下，則連有赴東海而死矣"
　　中的前一個"則"（　）。

　　A.表相承　B.表推斷，結果　C.表轉折　D.表假設

二、判斷正誤，並說明理由

1. "字僅曰'善搏''中的"字"是名詞的爲動用法，意謂"爲某人取名字。"（　）

2. 動詞中，以及物動詞的使動用法較爲常見。（　）

3. "吾終當有以活汝。"中的"以"爲介詞。（　）

4. "公事畢，然後敢治私事，所以別野人也"中的"所以"表"因此"之義。（　）

5. 語氣詞"哉"主要用在祈使句和感歎句中。（　）

6. "師道之不傳也久矣"中的"之"連接主語和謂語，使主謂短語呈現名詞性。（　）

7. "子產而死，誰其嗣之？"中的"而"連接主語和謂語，表轉折。（　）

8. "夫夷以近，則遊者眾；險以遠，則至者少"中的"以"連接形容詞，表並列關係。（　）

9. "今雖死乎此，比吾鄉鄰之死則已後矣"中的"雖"表讓步，可譯爲"雖然"。（　）

10. "至則無可用，放之山下"中的"則"表轉折。（　）

三、問答題

1. 舉例說明名詞活用做狀語的幾種形式。

2. 舉例說明賓語前置的類型。

3. 使動用法有哪幾種類型？舉例說明。

4. 古漢語中常見的被動表示法有哪幾種？舉例說明。

5. 舉例說明語氣詞"乎"用在句尾表疑問語氣的三種情況。

6. 舉例說明連詞"之"的三種主要用法。

7.舉例說明連詞 "而" 的三種主要用法。

8.舉例說明連詞 "以" 的三種主要用法。

四、指出下列各句中加點詞的詞性，並解釋其意義

1.王如用予，則豈徒齊民安？天下之民舉安。（《孟子·公孫醜下》）

2.宋人或得玉。（《左傳·襄公十五年》）

3.勞師以襲遠，非所聞也。（《左傳·僖公三十二年》）

4.臣聞昔湯、武以百里昌，桀、紂以天下亡。（《戰國策·楚策》）

5.人而無信，不知其可也。（《論語·為政》）

6.位尊而無功，奉厚而無勞。（《戰國策·趙策》）

7.大寇則至，使之持危城，則必畔。（《荀子·議兵》）

8.君子不以言舉人，不以人廢言。（《論語·衛靈公》）

9.虎兕出於柙，龜玉毀於櫝中。（《論語·季氏》）

10.蹇叔之子與師，哭而送之。（《左傳·僖公三十二年》）

11.誰為大王為此計者？（《史記·項羽本紀》）

12.使吏召諸民當償者悉來合券。（《戰國策·齊策》）

13.鄰國之民不加少，寡人之民不加多，何也？（《孟子·梁惠王
上》）

14.吾子與子路孰賢？（《孟子·公孫醜上》）

15.尺地莫非其有也，一民莫非其臣也。（同上）

16.不可以怨天，其道然也。（《荀子·天論》）

17.直不百步耳，是亦走也。（《孟子·梁惠王上》）

18.媼之送燕後也，持其踵，為之泣。（《戰國策·趙策》）

五、將下列句子譯成現代漢語

1. 以殘年餘力，曾不能毀山之一毛，其如土石何？（《列子・湯問》）

2. 自始合，而矢貫餘手及肘，餘折以御，左輪朱殷，豈敢言病？吾子忍之。（《左傳・成公二年》）

3. 此車一人殿之，可以集事。若之何其以病敗君之大事也？擐甲執兵，固即死也。（《左傳・成公二年》）

4. 向使四君卻客而不內，疏士而不用，是使國無富利之實，而秦無彊大之名也。（李斯《諫逐客書》）

5. 殘賊公行，莫之或止，大命將泛，莫之振救。生之者甚少，而靡之者甚多，天下財產，何得不蹶？（賈誼《論積貯疏》）

6. 若有作奸犯科及為忠善者，宜付有司，論其刑賞，以昭陛下平明之理。（諸葛亮《出師表》）

7. 根之茂者其實遂，膏之沃者其光曄。仁義之人，其言藹如也。（韓愈《答李翊書》）

8. 夫三尺童子，至無識也，指犬豕而使之拜，則怫然怒；今醜虜則犬豕也，堂堂大國，相率而拜犬豕，曾童孺之所羞，而陛下忍為之邪？（胡銓《戊午上高宗封事》）

9. 王公貴人所以養其身者，豈不至哉？而其平居常苦於多疾。至於農夫小民，終身勤苦而未嘗告病。此其故何也？（蘇軾《教戰守策》）

10. 求！無乃爾是過與？夫顓臾，昔者先王以為東蒙主，且在邦域之中矣，是社稷之臣也，何以伐為？（《論語・季氏將伐顓臾》）

六、說明下列句子中的賓語前置現象各屬於哪種情況

1.不患人之不己知，患不知人也。（《論語，學而》）

2.何由知吾可也？（《孟子‧梁惠王上》）

3.管仲敬諾，曰："公誰欲相？"（《呂氏春秋‧貴公》）

4.對曰："吾斯之未能信。"（《論語‧公冶長》）

5.吾少孤，及長，不省所怙，唯兄嫂是依。（韓愈《祭十二郎文》）

6.父母惟其疾之憂。（《論語‧為政》）

7.穎考叔曰："敢問何謂也？"（《左傳‧隱公元年》）

8.《詩》雲："他人有心，予忖度之。"夫子之謂也。（《孟子，梁惠王上》）

七、標點下列古文

1.莊子與惠子游于濠梁之上莊子曰儵魚出遊從容是魚之樂也惠子曰子非魚安知魚之樂莊子曰子非我安知我不知魚之樂惠子曰我非子固不知子矣子固非魚矣子之不知魚之樂全矣莊子曰請循其本子曰女安知魚樂雲者既已知吾知之而問我我知之濠上也

2.趙襄子飲酒五日五夜不廢酒謂侍者曰我誠邦士也夫飲酒五日五夜矣而殊不病優莫曰君勉之不及紂二日耳紂七日七夜今君五日襄子懼謂優莫曰然則吾亡乎優莫曰不亡襄子曰不及紂二日耳不亡何時優莫曰桀紂之亡也遇湯武今天下盡桀也而君紂也桀紂並世焉能相亡然亦殆矣

3.君子之學必好問問與學相輔而行者也非學無以致疑非問無以廣識好學而不勤問非真能好學者也理明矣而或不達於事識其大矣而或不知其細舍問其奚決焉

4.古之君子其責己也重以周其待人也輕以約重以周故不怠輕以約

故人樂爲善聞古之人有舜者其爲人也仁義人也求其所以爲舜者
責於己曰彼人也予人也彼能是而我乃不能是早夜以思去其不如
舜者就其如舜者聞古之人有周公者其爲人也多才與藝人也求其
所以爲周公者責於己曰彼人也予人也彼能是而我乃不能是早夜
以思去其不如周公者就其如周公者

5.世謂死人爲鬼有知能害人試以物類驗之死人不爲鬼無知不能害
人何以驗之驗之以物人物也物亦物也物死不爲鬼人死何故獨能
爲鬼世能別人物不能爲鬼則爲鬼不爲鬼尚難分明如不能別則亦
無以知其能爲鬼也人之所以生者精氣也死而精氣滅能爲精氣者
血脈也人死血脈竭竭而精氣滅滅而形體朽朽而成灰土何用爲鬼

第四章 音 韻

一、音韻概說

（一）音韻學名詞術語簡介

1.音韻學

研究漢語各個時期的語音系統及其內部發展規律的科學通稱音韻學。音韻學同文字學、訓詁學一起構成漢語傳統語言學 —— 小學的三個子系統。

2.聲 紐

聲紐是指一個音節開頭的發聲，即字首的輔音，一般也叫聲母。但聲紐同聲母並不完全相同，在古代，即使是母音起頭的音節 —— 即現代漢語中所謂的零聲母音節，也是有聲紐的，"驗"的聲紐是"疑"，"怨"的聲紐是"影"，"欲"的聲紐是"以"。因此，聲紐和聲母是不完全相同的兩個概念。

3.韻、韻部、韻目

所謂"韻"是指韻母中不包括韻頭（介音）的部分。如"錢"、"專""宣"三個音節的韻頭分別為[i]、[u]、[y]，而韻腹、韻尾均為[an]，所以可以說它們是同韻的字。可見韻同韻母是兩個不同的概念。

同韻的字，匯集在一起，以一個同韻的字做韻目，叫韻部。

如匯集 "東崬同童中衷蟲沖終忡" 等字於一處,以同韻的字
"東" 標目,代表一個韻部,這個 "東" 便是 "韻目" ,這個韻
部就稱 "東" 部。

4.陰聲韻、陽聲韻、入聲韻

音韻學上按照韻尾的不同,把古音分為陰聲韻、陽聲韻和入
聲韻等三類,其中陰聲韻指的是無韻尾的韻和以元音收尾的韻;
陽聲韻指的是以鼻音[m]、[n]、[ŋ]收尾的韻;入聲韻指的是以清
塞音[p]、[t]、[k]收尾的韻。

5.陰陽對轉和旁轉

在語音的發展變化過程中,常常有這種現象:某一些陽聲韻
的字,由於丟失了鼻輔音韻尾,變成了陰聲韻的字;而某一些陰
聲韻的字,由於增加了鼻輔音韻尾,變成了陽聲韻的字。這種音
變現象,音韻學上稱為 "陰陽對轉" 。

在語音的發展變化過程中,也常常有這種現象:某一個陰聲
韻或陽聲韻的字。轉到另一個陰聲韻或陽聲韻裏去。如陰聲韻
[ɑ],開口度變小一點兒就成了同它相鄰近的[ɛ],又如陽聲韻
[ɔŋ],開口度低一點兒,就成了另一陽聲韻[ɑŋ]等。這種音變現象,
音韻學上稱為 "旁轉" ,即舌位向一旁轉,主要元音的發音部位
發生了變化。

6.等韻、等韻學和等韻圖

在音韻學中,用 "等" 的概念來區分漢語的聲類和韻類,叫
等韻。研究等韻的學科叫等韻學。用等韻的學理來分析古漢語語
音而製成的圖表叫等韻圖。等韻圖是研究音韻的一種特殊手段,
它用特定的格式將漢語的語音系統表現了出來。現存最早的等韻
圖是宋代的《韻鏡》。

7.開口、合口、洪音、細音

古代的音韻學家根據發音時口腔開合的不同，把韻分成"開口呼"和"合口呼"兩種，每種之中又各分為"洪音"和"細音"兩類。

開口的洪音是指沒有韻頭，韻腹又不是高元音 i、u、ü 的韻母；開口的細音是指韻頭或韻腹為 i 的韻母；合口的洪音是韻頭、韻腹為 u 的韻母；合口的細音是韻頭或韻腹為u的韻母。明清的音韻學家將開口的洪音稱為開口呼，開口的細音稱為齊齒呼，合口的洪音稱為合口呼，合口的細音稱為撮口呼。這便是音韻學所謂的"四呼"。

8.雙聲、疊韻

所謂雙聲，指的是組合在一起的兩個字聲紐相同；所謂疊韻，指的是組合在一起的兩個字韻部相同。前者如"美妙"，"美"和"妙"聲紐相同，都是明母字；後者如"須臾"，"須"和"臾"均為平聲"虞"韻的字，韻部相同。

9.攝、轉

中古的韻圖在歸韻列字的時候，將韻尾相同、韻腹相近的韻歸為更大的類別，稱作"攝"。如將《廣韻》的 206 韻歸併為通、江、止、遇、蟹、效、臻、山、果、假、宕、梗、曾、流、深、鹹十六攝。

韻圖中除了把各個韻部歸納為"攝"之外，還把這十六攝分為兩大類，一類為"內轉"，包括通、止、遇、果、宕、曾、流、深等八攝；一類為"外轉"，包括江、臻、山、效、假、梗、鹹等八攝。"轉"就是"輾轉"的意思，指的是聲母和韻母輾轉相拼，拼出一個個字音來。

（二）我國古代的韻書

我國古代的韻書，是一種按照聲、韻、調的關係將漢字組織起來的字典。按編纂體例可以分爲三類：

第一類：先按平、上、去、入四聲分類，再在每一個聲調下分韻部，然後在每一個韻部內按聲紐排列漢字。如《廣韻》。

第二類：先按韻部分類，再在每一個韻部內按聲調分類，然後在同一聲調內按聲紐排列漢字。如《中原音韻》。

第三類：先按韻部分類，再在每一個韻部內按聲紐分類，然後在同一聲紐內按聲調排列漢字。如《韻略易通》。

下面，我們介紹幾部重要的韻書。

1.《聲類》

這是我國最早的一部韻書。作者爲三國時魏國的李登，有關他的生平及原書已失傳。不過從有關記載中可以獲知：《聲類》不分韻部，全書收字 11520 字，按宮、商、角、徵、羽編排，有注釋。全書凡十卷。

2.《切韻》

作者爲隋代陸詞（一作陸慈），字法言，以字行。此書大約寫成于隋仁元壽元年（西元 601 年），因爲陸法言的《切韻·序》作於這一年。書已失傳，僅存 "序" 及部分殘卷。從序中得知，此書原系隋開皇初年（西元 581 年）劉臻、顏之推、盧思道、李若、蕭該、辛德源、薛道衡、魏彥淵等八人在陸法言家中討論審音分韻問題的一份記錄稿，10 多年後，由陸法言擴充材料，整理編定。

全書收字 11558 字，分 193 個韻部：平聲 54，上聲 51，去聲

56，入聲 32。全書體例爲第一類：先分聲調，次分韻部，再分聲紐。韻字注釋簡單，一般不注出處。不正字形。

《切韻》既是前代韻書的繼承和總結，又是中古這一系韻書的開創、定型之作，是韻書史上極爲重要的里程碑，具有劃時代的意義。

3.《廣韻》

《廣韻》系重要的韻書，全名《大宋重修廣韻》，簡稱《廣韻》。該書是宋代陳彭年、丘雍等奉皇帝之命根據《切韻》等前代韻書重行修訂的。

全書收字 26194 字，注解 191692 字，分 206 個韻部（詳見本章"中古音韻部"的有關內容），體例同《切韻》。

《廣韻》也是現今保存完整的韻書中最早的一部韻書。

4.《中原音韻》

作者爲元代周德清。初稿完成于元泰定元年（西元 1324 年），到元代元統元年（西元 1333 年）才正式定稿，刊佈於世。此書是作者根據當時戲劇家關漢卿、馬致遠等人的戲曲作品的用韻編輯而成，比較客觀地反映了當時的語音實際，所以同《切韻》系的韻書迥然不同，具有革命性意義。全書共收 5876 字，分爲 19 韻。第一次將平聲分爲陰、陽，將人聲分別派入平、上、去，形成了陰平、陽平、上聲、去聲四聲。

（三）古代的注音方法

1.譬況法

這是一種描繪發音的部位或情態，從而給字注音的方法。如：《釋名·釋天》："天，豫司兗冀以舌腹言之，天，顯也；青徐以舌頭言之，天，坦也。"這裏用"舌腹"、"舌頭"等發音部位來描繪"天"字的讀音。此外，古人還用"籠口"、"閉口"、"長言"、"短言"、"急讀"、"緩讀"等來作譬況。

2.讀若法

這是一種以音近字來給字注音的方法。讀若某，意思是說這個字的讀音像某字。《說文解字》的注音就採用此法。如"俌，輔也，從人甫聲，讀若撫。…"刱，造法物業也，從井刃聲，讀若創。""芨，堇艸也，從艸及聲，讀若急。"

3.直音法

這是一種以同音字來給字注音的方法。如郭璞《爾雅注》："誕，音旦。"《康熙字典》："券，音勸。"老《辭源》："烌。音灰。"老《辭海》："莞，音婉。"

4.反切法

這是一種用兩個字急讀拼出另一個字的讀音的注音方法。如"東，德紅反"，就是用"德"和"紅"兩個字急讀拼出"東"的讀音。其中被注音的字，如"東"，叫被切字，用來反切的前一個字，如"德"，叫反切上字，用來反切的後一個字，如"紅"，叫反切下字。拼讀時，取反切上字的聲和反切下字的韻和調。所以反切上字同被切字必同聲，反切下字同被切字必同韻同調。也就是說，只要同被切字構成雙聲的字就可以作反切上字，構成疊韻同調的字，就可以作反切下字。這樣，同一個字，可以有不同的反切上字和反切下字，如"東，都籠切。"現在能看到的最早的反切都寫成"XX 反"；到了宋代，爲了避諱"反"字，就改寫爲"XX 切"。注意：發明反切時，平聲不分陰陽，"紅、籠"今均爲陽平字，切出的"東"今爲陰平字。

二、中古音系

中古音通常以隋末唐初的語音為代表，這是因為具有劃時代意義的韻書《切韻》產生在這個時期。所以，所謂中古音系，一般指的是《切韻》和《切韻》系統韻書（如《廣韻》）所反映的語音系統。

（一）中古音的聲紐

自從等韻學興起以後，人們習慣上用五音（或七音）三十六字母來指稱中古音聲紐。所謂五音，指的是聲紐按發音部位所作的分類：唇、舌、齒、牙、喉；七音，指的是唇、舌、齒、牙、喉、半舌、半齒。所謂字母，不是我們今天所講的源自於西方的那種字母，而是指聲紐的代表字。這三十六字母是：

牙　音：見　溪　群　疑

舌　音：端　透　定　泥

　　　　知　徹　澄　娘

重　唇：幫　滂　並　明

輕　唇：非　敷　奉　微

齒　音：精　清　從　心　邪

　　　　照　穿　床　審　禪

喉　音：曉　匣　影　喻

半舌音：來

半齒音：日

這三十六字母最初出現在《守溫韻字殘卷》中，書中按五音編排了三十字母。守溫是唐代末年的一個和尚。到了宋代，不知什麼人又在三十字母的基礎上增補爲三十六個字母，這就是人們常說的"守溫三十六字母"。

如今一般的看法是，上述三十六字母反映的是宋代的聲紐系統，而不是隋末唐初的聲紐系統。經過明清及近代的一些學者對《切韻》（《廣韻》）聲紐系統的研究，得到的結論是：中古音的聲紐也有 36 個，但同"守溫三十六字母"有所不同，詳情見下表。

中古音三十六聲紐表

发音部位＼发音方法		全　清	次　清	全　浊	次　浊
唇音		帮（非）p	滂（敷）pʰ	並（奉）b	明（微）m
舌音	舌头	端 t	透 tʰ	定 d	泥 n
	舌上	知 ʈ	彻 ʈʰ	澄 ɖ	娘 ɳ
齿音	齿头	精 ts　心 s	清 tsʰ	从 dz　邪 z	
	正齿 照二	庄 tʃ　生 ʃ	初 tʃʰ	崇 dʒ	
	正齿 照三	章 tɕ　书 ɕ	昌 tɕʰ	船 dʑ　禅 ʑ	
牙音		见 k	溪 kʰ	群 g	疑 ŋ
喉音		影 ∅	晓 x	匣 ɣ	喻 j
半舌					来 l
半齿					日 nʑ

（二）中古音的韻部

《廣韻》將 26194 個字分別歸入 206 個韻部，其中平聲 57 部（上平 28 部，下平 29 部），上聲 55 部，去聲 60 部，入聲 34 部。這 206 個韻部基本上反映了中古音的韻部情況。詳見下表：

中古音（《廣韻》）韻部表

平 声	上 声	去 声	入 声
1、上平 一东 独用	一董	一送	一屋 独用
2、二冬 钟同用		二宋 用同用	二沃 独用同
3、三钟	二肿 独用	三用	三烛
4、四江 独用	三讲 独用	四绛 独用	四觉 独用
5、五支 脂之同用	四纸 旨止同用	五寘 至志同用	
6、六脂	五旨	六至	
7、七之	六止	七志	
8、八微 独用	七尾 独用	八未 独用	
9、九鱼 独用	八语 独用	九御 独用	
10、十虞 模同用	九麌 姥同用	十遇 暮同用	
11、十一模	十姥	十一暮	
12、十二齐 独用	十二荠 独用	十二霁 祭同用	
13、		十三祭	
14、		十四泰 独用	
15、十三佳 皆同用	十二蟹 骇同用	十五卦 怪夬同用	
16、十四皆	十三骇	十六怪	
17、		十七夬	
18、十五灰 咍同用	十四贿 海同用	十八队 代同用	
19、十六咍	十五海	十九代	
20、		二十废 独用	

平　声	上　声	去　声	入　声
21、十七真 谆臻同用	十六轸 准同用	二十一震 稕同用	五质 术栉同用
22、十八谆	十七准	二十二稕	六术
23、十九臻			七栉
24、二十文 独用	十八吻 独用	二十三问 独用	八物 独用
25、二十一欣 独用	十九隐 独用	二十四焮 独用	九迄 独用
26、二十二元 魂痕同用	二十阮 混很同用	二十五愿 恩恨同用	十月 没同用
27、二十三魂	二十一混	二十六恩	十一没
28、二十四痕	二十二很	二十七根	
29、二十五寒 桓同用	二十三旱 缓同用	二十八翰 换同用	十二曷 末同用
30、二十六桓	二十四缓	二十九换	十三末
31、二十七删 山同用	二十五潸 产同用	三十谏 裥同用	十四黠 鎋同用
32、八十八山	二十六产	三十一裥	十五鎋
33、下平 一先	二十七铣 獮同用	三十二霰 线同用	十六屑 薛同用
34、二仙	二十八獮	三十三线	十七薛
35、三萧 宵同用	二十九篠 小同用	三十四啸 笑同用	
36、四宵	三十小	三十五笑	
37、五肴 独用	三十一巧 独用	三十六效 独用	
38、六豪 独用	三十二皓 独用	三十七号 独用	
39、七歌 戈同用	三十三哿 果同用	三十八个 过同用	
40、八戈	三十四果	三十九过	
41、九麻 独用	三十五马 独用	四十祃 独用	
42、十阳 唐同用	三十六养 荡同用	四十一漾 宕同用	十八药 铎同用
43、十一唐	三十七荡	四十二宕	十九铎
44、十二庚 耕清同用	三十八梗 耿静同用	四十三敬 净劲同用	二十陌 麦昔同用
45、十三耕	三十九耿	四十四净	二十一麦

续表

平 声	上 声	去 声	入 声
46、十四清	四十静	四十五劲	二十二昔
47、十五青 独用	四十一迥 独用	四十六径 独用	二十三锡 独用
48、十六蒸 登同用	四十二拯 等同用	四十七证 嶝同用	二十四职 德同用
49、十七登	四十三等	四十八嶝	二十五德
50、十八尤 侯幽同用	四十四有 厚黝同用	四十九宥 候幼同用	
51、十九侯	四十五厚	五十候	
52、二十幽	四十六黝	五十一幼	
53、二十一侵 独用	四十七寑 独用	五十二沁 独用	二十六缉 独用
54、二十二覃 谈同用	四十八感 敢用同	五十二勘 阚同用	二十七合 盍同用
55、二十三谈	四十九敢	五十四阚	二十八盍
56、二十四盐 添同用	五十琰 忝同用	五十五艳 㮇同用	二十九叶 帖同用
57、二十五添	五十一忝	五十六㮇	三十帖
58、二十六咸 衔同用	五十二豏 槛同用	五十七陷 鉴同用	三十一洽 狎同用
59、二十七衔	五十三槛	五十八鉴	三十二狎
60、二十八严 凡同用	五十四俨 范同用	五十九酽 梵同用	三十三叶 乏同用
61、二十九凡	五十五范	六十梵	三十四乏

《廣韻》韻部多達 206 個，主要是由於分別平、上、去、入四聲的緣故，如果除去聲調的分別，那就只有 90 類 61 部。

《廣韻》的韻部後人都嫌分得過細，所以宋淳熙十二年（西元 1252 年）江北平水人劉淵將 206 部歸併為 107 部，後來又改為 106 部。這 106 部，就是所謂的"平水韻"，一直沿用到明清。

前面我們說過，韻都不同於韻母，要瞭解中古的語音系統，還得瞭解中古的韻母系統。而要瞭解中古的韻母系統，就得研究《廣韻》的韻母系統，惟一的辦法是從分析反切下字所反映的韻類入手。清代的陳澧在《切韻考》一書中通過系聯法[1]，把《廣韻》206 個韻部的 1190 多個反切下字，系聯爲 311 個韻類。後來的學者在陳澧的基礎上進一步研究，大致確定爲 290 個韻類，並由此歸納出 142 個韻母[2]。這 142 個韻母，既反映了《廣韻》的韻母系統，也基本上反映了中古的韻母系統。

（三）中古音的聲調

《廣韻》以平、上、去、入四聲分卷，因此一般認爲中古音的聲調共有 4 個調類：平聲、上聲、去聲、入聲。中古的平、上、去、入四聲，發展到現代，變成普通話的陰平、陽平、上聲、去聲四個調類，並非雜亂無章，而是有規律的，這規律可以概括爲以下十二個字：平分陰陽，濁上變去，入派四聲。

所謂 "平分陰陽"，指的是中古平聲字中的濁聲母字在現代漢語中讀陽平，清聲母字讀陰平。

所謂 "濁上變去"，指的是中古上聲字中的全濁聲母字在現代漢語中讀去聲。而中古的去聲字到現代漢語中仍讀去聲。

所謂 "入派四聲"，指的是中古入聲字在現代漢語中分別歸入陰平、陽平、上聲、去聲，其中次濁聲母入聲字在現代漢語中歸入去聲，全濁入聲字歸入陽平，清聲母入聲字則散歸到陰平、陽平、上聲、去聲四個調類中，其中歸入去聲及陰平的多，歸入上聲及陽平的較少，歸入上聲的最少。

---

1 詳見唐作藩（1991）《音韻學教程》第 127-133 頁，北京大學出版社。
2 同上。

三、上古音系

（一）上古音的聲紐

1.關於上古音聲紐的研究

歷代研究上古音的學者，一般多注重上古音韻部的研究，而對上古音聲紐涉獵較少，直到錢大昕才開始系統地研究上古音聲紐，提出了一些著名的論斷，此後的章炳麟、黃侃、曾運乾等學者繼續努力，取得了一系列令人矚目的成就，使上古音聲紐的研究不斷走向成熟。

（1）古無輕唇音

這是錢大昕的著名論斷之一。錢氏依據先秦典籍，運用大量的例證，令人信服地闡明了兩漢以前不存在唇齒音這一著名論斷。錢氏認爲，上古沒有“非、敷、奉、微”這樣的輕唇音，中古讀“非、敷、奉、微”的那些字在上古分別讀作“幫、滂、並、明”等重唇音。如：

伏羲即庖羲（伏，奉紐；庖，並紐）

封域即邦域（封，非母；邦，幫母）

扶服即匍匐（扶服，奉母；匍匐，並母）

（2）古無舌上音

這是錢大昕提出的又一著名論斷。中古聲紐三十六字母舌音有“端、透、定、泥”4個舌頭音和“知、徹、澄、娘”4個舌上音，錢氏認爲兩漢以前沒有“知、徹、澄”三紐，中古讀“知、徹、澄”三紐的字，在兩漢以前分別讀作“端、透、定”三紐。如“直”讀若“特”（直，澄母；特，定母），“池”讀若“沱”

（池、澄母；沱、定母），"追"讀若"堆"（追，知母；堆，端母），"茶"讀若"駝"（茶，澄母；駝，定母）。錢氏的這個論斷也同樣令人信服，從而得到音韻學界的普遍認可。

（3）娘、日二紐歸泥

這是章炳麟提出的一個著名論斷。章氏認為兩漢以前不存在中古音所具有的"娘"、"日"二紐，中古讀"娘"、"日"二紐的字在兩漢以前一律讀作"泥"紐。如"任"讀若"男"（任，日母；男，泥母），"而"讀若"耐"（而，日母，耐，泥母），"娘"讀若"囊"（娘，娘母，囊，泥母），"日"讀若"涅"（日，日母，涅，泥母）等。

（4）照二歸精，照三歸端

這是黃侃提出的兩個著名論斷。所謂"照二"是指中古音的"莊、初、崇、生"四紐，黃氏認為這中古的照二組聲紐字在兩漢以前一律讀作"精、清、從、心"等精組字。黃氏主要依據諧聲系統來證明其觀點，如"捉"從"足"得聲（捉，莊母；足，精母）；"滓"從"宰"得聲（滓，莊母；宰，精母）；"齋"從"齊"得聲（齋，莊母；齊，從母）；"創"從"倉"得聲（創，初母；倉，清母），"績"從"責"得聲（績，精母；責，莊母）；"仙"從"山"得聲（仙，心母；山，山母）。所謂"照三"是指中古音的"章、昌、船、書"四紐，黃氏認為這中古的照三組聲紐字，在兩漢以前一律讀作"端、透、定"三紐。如"鴟"從"氏"得聲（鴟，昌母；氏，端母）；"適"從"商"得聲（適，書母；商，端母）；"肫"從"屯"得聲（肫，章母；屯，定母）。黃氏"照二歸精"之說博得學術界的廣泛支持，而"照三歸端"之說則並沒得到普遍認同，這是因為"照三"組字從諧聲系統來看，並非在上古均歸入"端"組，有的也歸入"見"組，情形比較複雜。

（5）喻三歸匣，喻四歸定

這是曾運乾提出的兩個著名論斷。陳澧將中古三十六字母中的"喻"紐分爲喻三、喻四，曾運乾進一步認爲中古的"喻三"紐字在兩漢以前一律讀"匣"紐，中古的"喻四"紐的字在兩漢以前一律讀作"定"紐。前者如"魂"從"雲"得聲（魂，匣母；雲，喻三）；"緩"從"爰"得聲（緩，匣母；爰，喻三）；"域"從"或"得聲（域，喻三；或，匣母）；"院"從"完"得聲（院，喻三；完，匣母）。後者如"夷"讀若"弟"（夷，喻四；弟，定母）；"逸"讀若"迭"（逸，喻四；迭，定母）；"途"從"餘"得聲（途，定母；余，喻四）；"笛"從"由"得聲（笛，定母；由，喻四）。

除了上述幾種發明之外，關於上古聲紐還有一些別的成果，但影響均不大。

2.關於上古聲紐系統

關於上古聲紐系統，目前有兩種意見：一種意見認爲是上古聲紐共有 28 個，另一種意見認爲上古聲紐共有 32 個，兩者的差異僅在於對中古照二組"莊、初、崇、生"四紐如何處置，前者將之歸到"精、清、從、心"四紐中，後者則分立。下面我們介紹一下王力主編《古代漢語》所描寫的上古音 28 個聲紐的名稱及擬音（見表）。

上古音二十八声纽表

发音方法 发音部位	全　清	次　清	全　浊	次　浊
唇音	幫（非）p	滂（敷）pʰ	並（奉）b	明（微）m
舌　头	端（知）t	透（徹）tʰ	定（澄）dʰ 余（喻四）d	泥（娘）n 来　l
舌　上	章 ʨ 书 ɕ	昌 ʨʰ	船 ʥ 禅 ʑ	日 ɲ
齿　头	精 ts 心 s	清 tsʰ	从 dz 邪 z	
喉　音	见 k 影 ʔ	溪 kʰ 晓 x	群 g 匣（喻三）ɣ	疑 ŋ

（二）上古音的韻部

1.關於上古音韻部的研究

　　對上古韻部的研究，是從讀《詩經》感到不押韻的時候開始的。《詩經》時代的語音系統同中古時期的語音系統已有明顯的差異，可唐宋及其以前的人並沒有認識到這一點，所以在用當時的讀音讀《詩經》時，往往碰到韻腳不和諧的問題，就臨時改讀成自己認爲合適的讀音，當時的學者將這種做法稱作“葉（協）韻”、“合韻”。如唐明皇在讀《尚書·洪范》時，覺得“無偏無頗，遵王之義”句中的“頗”與“義”不葉韻，競敕令改“頗”爲“陂”。殊不知古讀“義”如“俄”，正與“頗”爲韻。這種臨時改讀以求協韻的做法盛行于宋代，吳棫的《毛詩補音》和朱熹的《詩集傳》中都大量採用“葉韻”的做法。直到明末陳第才徹底拋棄了“葉韻”之說，提出了“時有古今，地有南北，字有更革，音有轉移”的觀點。若“以今之音讀古之作，不免乖剌而不合”。他立足於古今語音的不同，撰寫了《毛詩古音考》一書，在每個字下注明古讀。陳第時代上古音的韻部劃分尚無研究，所以陳氏採用直音法來注音，沒有指明某字屬某韻。

2.關於上古韻部的劃分

上古音的韻部劃分是從明末清初的顧炎武開始的。顧氏把古韻分爲 10 部，初步奠定了古韻分部的規模。其後江永把古韻分爲 13 部，段玉裁分爲 17 部，孔廣森分爲 19 部，江有誥分爲 21 部，王念孫分爲 x 部，章炳麟分爲 23 部，戴震分爲 9 類 25 部，黃侃分爲 11 類 28 部。王力先生在黃侃 28 部的基礎上進一步把上古韻部定爲 30 部。詳見下表。

上古音三十韻部表

阴　声		入　声		阳　声	
无韵尾	之部 ə	韵尾 -k	职部 ək	韵尾 -ŋ	蒸部 əŋ
	支部 e		锡部 ek		耕部 eŋ
	鱼部 a		铎部 ak		阳部 aŋ
	侯部 ɔ		屋部 ɔk		东部 ɔŋ
	宵部 o		沃部 ok		
	幽部 u		觉部 uk		冬部 uŋ
韵尾 -i	微部 əi	韵尾 -t	物部 ət	韵尾 -n	文部 ən
	脂部 ei		质部 et		真部 en
	歌部 ai		月部 at		元部 an
		韵尾 -p	缉部 əp	韵尾 -m	侵部 əm
			盍部 ap		谈部 am

（三）上古音的聲調

　　關於上古音的聲調問題，歷來沒有一個統一的說法，分歧較大。陳第、江永主張"四聲不拘"，亦即上古漢語沒有四聲的分別；顧炎武認爲上古漢語雖有平、上、去、入四聲，但只是"一字之中自有平、上、去、入"，"四聲可以並用"，實際上也否認了上古有四聲之別；段玉裁則認爲上古有平、上、入聲，而無去聲；孔廣森則認爲上古有平、上、去聲，而無入聲；王念孫、江有誥認爲上古存在平、上、去、入四聲；黃侃認爲上古只有平、入聲，而無上、去聲。今人周祖謨先生贊同王念孫、江有誥之說，認爲上古確有平、上、去、入四聲；王力先生則贊同段玉裁之說，認爲上古沒有去聲，但入聲可分兩類：一類是短入，在中古仍是入聲，一類是長入，在中古變爲去聲。如今一般的看法是，上古音的聲調大致可分爲平、上、去、入四聲。

四、古音通假

（一）古音通假的含義

　　所謂古音通假是指古人用字寫詞時，由於某種原因，放著本字不用，卻用一個音同或音近的字來代替的現象。也叫"通借"，前人也稱爲假借。如"《孟子，離婁上》："故爲淵驅魚者，獺也；爲叢驅爵者，鸇也。"這裏借"爵"爲"雀"。其中原本當用的字叫本字，如例中的"雀"，臨時用來代替本字的那個字叫通假字，如例中的"爵"。

1.通假與文字學中假借的異同

通假與文字學中的假借的共同之處在於：兩者都是同音或音近替代的現象，都屬於"依聲托事"。如古漢語的"何"字，本義是背、扛，後來由於表疑問的代詞"何"無形可象，就用表"負擔"的"何"字去替代，這就是文字學上所說的"假借"。而《列子‧湯問》："甚矣，汝之不惠！"以"惠"代"慧"，則是一種通假現象。表負擔義的"何"之所以能替代表疑問的"何"，表恩惠的"惠"之所以能替代表聰明的"慧"，均是因爲被替代字與替代字之間有音同或音近的關係。

但是通假與假借畢竟是兩個不同的概念，主要區別表現在：

（1）通假一般是"本有其字"的替代，而假借則是"本無其字"的替代。如上例中"何"字的假借是因爲文字中沒有一個記錄表疑問的"何"的字，於是就用表背、扛的"何"字去記錄。所以，凡假借字，不存在作爲對立面的"本字"，假借現象中的對立雙方是假借字的本義與假借義。與假借相反，通假字均存在作爲對立面的"本字"，如"惠"的對立面就是本字"慧"，人們在用"惠"代替"慧"的時候，"慧"字已經存在了。

（2）通假是臨時現象，是暫時的；假借是長期現象，是永恆的。如上例中"何"字的假借是長期的，永恆的，於是人們不得不另造一個"荷"字來記錄其本義背、扛；與此相反，通假是臨時的，如"惠"代替"慧"是暫時的，只在個別場合這樣使用，而在《論語‧衛靈公》："群居終日，言不及義，好行小惠，難矣哉！"《韓非子‧有度》："不爲惠於法內。""惠"均解作恩惠而不作聰明解。

2.通假字與古今字的區別與聯繫

　　古今字與通假字的區別主要在於兩者是從不同的角度反映文字之間的關係的。古今字是就不同的時代記錄同一個詞所使用的字形不同而言的；而通假字是就同一個時代記錄同一個詞所使用的字形不同而言的。如先秦時期只有“反”字而沒有“返”字，因此表返回義的“返”這個詞是由“反”字記錄的，如《孟子·公孫醜下》：“孟子自齊葬于魯，反于齊，止於嬴。”兩漢以後產生了“返”字，於是表返回義便由“反”字承擔轉爲由“返”字承擔，這樣，在不同的時期記錄同一詞“返”時便使用了兩個不同的字形“反”、“返”，它們便成了一對古今字。

　　“返”字產生之後，如果有人再用“反”去表“返回”義，就成了“本有其字”的通假了：其中“返”是本字，“反”是通假字。

　　可見通假字與古今字還是有密切的聯繫的，這種聯繫表現在：

　　（1）古今字往往可以轉化爲通假字。古今字產生後，人們或出於書寫習慣，或出於尚古心理，在該使用今字時仍寫古字，從而轉化爲通假字了。如“屬”同“囑”爲一對古今字，先秦時期只有“屬”而無“囑”字，漢代以後，表囑託義的“屬”寫作“囑”，如《三國志，吳書，諸葛恪傳》：“俱受先帝囑寄之詔。”但宋代范仲淹《岳陽樓記》：“屬予作文以記之。”則以“屬”代“囑”，這是一種以古字寫今字的通假現象，其中“囑”爲本字，“屬”爲通假字。

　　（2）古今字和通假字均有語音上的聯繫。通假現象是同音或音近替代現象，所以本字與通假字讀音或相同或相近；而古今字由於記錄的是同一個詞，所以古字與今字的讀音也同樣或相同或相近。

（二）通假字與本字的聲韻關係

1.音同通假

即通假字與本字聲紐、韻部均相同，如：《列子·湯問》："一厝朔東，一厝雍南。" "厝"通"措"，兩者均為鐸部清母字。又如《史記·項羽本紀》："旦日不可不蚤自來謝項王。" "蚤"通"早"，兩者均為幽部清母字。

2.雙聲通假

即通假字與本字聲紐相同，韻部相近，往往形成對轉或旁轉。如《列子·湯問》："河曲智叟亡以應。" "亡"通"無"，兩者均為明母字，"亡"屬"陽"韻，"無"屬"魚"韻，魚、陽對轉。又如《孟子·梁惠王上》："頒白者不負戴于道路矣。" "頒"通"斑"，兩者均為幫母字，"頒"屬文部，"斑"屬元部，文、元旁轉。

3.疊韻通假

即通假字與本字韻部相同，聲紐相近。如《戰國策·趙策》："老臣今者殊不欲食，乃自強步，日三四里，少益耆食，和於身也。" "耆"通"嗜"，兩者均為脂部字，"耆"屬群母，"嗜"屬禪母。又如《後漢書·仲長統傳》："軍旅卒發。" "卒"通"猝"，兩者均為物部字，"卒"屬精紐，"猝"屬清紐。

4.聲韻相近通假

即通假字與本字聲紐、韻母均相近。如《呂氏春秋·察今》："其時已與先王之法虧矣。" "虧"通"詭"，前者為歌部溪紐字，後者為微部見紐字。又如《孟子·梁惠王上》："蓋亦反其本矣。"　"蓋"通"盍"，前者爲月部見母字，後者爲葉部匣母字。

（三）通假字的辨識

在古文閱讀中，如果碰到一個字無法用它的本義或引申義去解釋時，就應考慮是否屬於通假字問題。

通假現象一般具有以下特徵：

（1）通假字與本字古音相同或相近。而要瞭解通假字和借字的古音情況，則需查閱《上古音手冊》等有關工具書。

（2）通假字與本字往往具有相同的聲符和不相同的形符。

（3）通假字的運用往往並非孤例，一般還可以從別處找到相同的例證。如"亡"通"無"，除了前面所舉的《列子》中的例子外，我們還可從賈誼《論積貯疏》中找到相同的例證："用之亡度，則物力必屈。"這裏的"亡"也通"無"，不然，便覺扞格。

下面，我們來看一些通假的例子，以便有一點感性認識。

惠，本義是仁慈、恩惠，《左傳·莊公十年》："小惠未遍，民弗從也。"假借爲"慧"，《列子·湯問》："甚矣，汝之不惠。"

歸，本義是女子出嫁，《詩·周南·桃夭》："之子於歸，宜其室家。"假借爲"饋"（贈送），《論語·微子》："齊人歸女樂，季桓子受之，三日不朝，孔子行。"

直，本義是曲的反面，《荀子，勸學》："木受繩則直。"假借爲"特"（僅、只是），《孟子·梁惠王上》："直不百步耳，是亦走也。"

矢，本義是箭，歐陽修《賣油翁》："見其發矢十中八九，但微頷之。"假借爲"誓"，《詩·鄘風·柏舟》："之死矢靡它。"

曾，本義是乃（副詞），《論語·先進》："曾由與求之間。"假借爲"增"，《孟子·告子下》："曾益其所不能。"又假借爲"層"，杜甫《望嶽》："蕩胸生曾雲。"

辯，本義是巧言，《韓非子·難勢》："此則積辯累辭。"假借爲"辨"，仲長統《昌言·理亂》："目能辯色，耳能辯聲。"

由，本義是經由，《孟子·離婁上》："舍正路而不由，哀哉！"假借爲"猶"（如同、好像），《孟子·公孫醜上》："由弓人而恥爲弓。"

時，本義是季節，指春、夏、秋、冬，《荀子·不苟》："四時不言而百姓期焉。"假借爲"是"，《尚書·大禹謨》："時乃天道。"

輮，本義是車輞（車輪的外周），沈括《補夢溪筆談》："輪輮謂之'牙'。"假借爲"煣"（使木彎曲），《荀子·勸學》："煣以爲輪。"

適，本義是到……去，《史記·屈原列傳》："適長沙。"假借爲"謫"，《史記·陳涉世家》："發閭左適戍漁陽，九百人屯大澤鄉。"

距，本義是雞爪，《左傳·昭公二十五年》："季郈之雞鬥，季氏介其雞，郈氏爲之金距。"假借爲"拒"，《墨子·公輸》："吾知所以距子矣，吾不言。"

沒，本義是沉沒，《史記·滑稽列傳》："始浮，行數十里乃沒。"假借爲"冒"（冒昧），《戰國策·趙策》："沒死以聞。"

信，本義是言語真實，《老子》第八十一章："信言不美，美言不信。"假借爲"伸"，《三國志·蜀書·諸葛亮傳》："孤不度德量力，欲信大義於天下。"

畔，本義是田界，《左傳·襄公二十五年》："行無越思，如農之有畔。"假借爲"叛"，《孟子·公孫醜下》："寡助之至，親戚畔之。"

被，本義是被子，辛棄疾《清平樂·獨宿博山王氏庵》："布被秋宵夢覺。"假借爲"披"，《楚辭·九歌·國殤》："操吳戈兮被犀甲，車錯轂兮短兵接。"

錯，本義是鍍金，張衡《四愁詩》："美人贈我金錯刀，何以報之英瓊瑤。"假借爲"措"（放置、安放或放棄、廢棄），《論語·爲政》："舉直錯諸枉，則民服；舉枉錯諸直，則民不服。"

熙，本義是暴曬，使東西乾燥，盧諶《贈劉琨》："仰熙丹崖，俯澡綠水。"假借爲"嬉"（嬉戲），《晏子春秋·內篇雜下》："聖人非所與熙也，寡人反取病焉。"

錫，本義是一種金屬，《荀子·強國》："金錫美，工冶巧。"假借爲"賜"，仲長統《昌言》："賞錫期於功勞，刑罰歸乎罪惡。"

麋，本義是鹿一類的動物，《楚辭·九歌·湘夫人》："麋何食兮庭中？蛟何爲兮水裔？"假借爲"眉"，《荀子·非相》："伊尹之狀，面無須麋。"

舟，本義是船，《詩·邶風·二子乘舟》："二子乘舟，汎汎其景。"假借爲"周"，《詩·大雅·公劉》："何以舟之？"

綜合練習

一、單項選擇題

1.古漢語中所謂的 "韻" 是指韻母中不包括（　）的部分。

　　A.韻頭　B.韻腹　C.韻尾　D.A 和 B

2.音韻學上將韻尾是鼻音的韻叫作（　）。

　　A.陰聲韻　B.陰聲韻　C.入聲韻　D.元聲韻

3.明清的音韻學家把合口的洪音稱爲（　）呼。

　　A.開口　B.合口　C.齊齒　D.撮口

4.我國最早的一部韻書是（　）所著的（　）。

　　A.李登切韻　B.李登聲類　C.陸法言聲類　D.陸法言切韻

5.我國現今保存完整的韻書中最早的一部是（　）

　　A.切韻　B.廣韻　C.禮部韻略　D.集韻

6.《廣韻》分（　）個韻部。

　　A.193　B.19　C.206　D.208

7. "某，音某。" 這種古代的注音方法叫（　）法。

　　A.譬況　B.讀若　C.直音　D.反切

8. "古無輕唇音" 是（　）關於上古聲紐的著名論斷。

　　A.錢大昕　B.錢大昭　C.黃侃　D.曾運乾

9.第一個站出來反對 "葉韻" 說，提出古今語音存在差異的是（　）代的（　）。

　　A.明陳第　B.清陳第　C.明陳澧　D.清陳澧

10.關於上古音的聲調，如今一般的看法是，有（　　）。

    A.平、上、去三聲　　B.平、上、入三聲

    C.平、入兩聲　　D.平、上、去、入四聲

二、判斷正誤，並說明理由

1.聲紐是指一個音節開頭的發聲，就是聲母。（　　）

2.所謂陰陽對轉，指的是陰聲韻字同陽聲韻字之間的相互轉化現象。（　　）

3.在音韻學中，用“等”的概念來區分漢語的聲調，叫作等韻。（　　）

4.中古的韻圖將韻尾相同、韻腹相近的韻歸為更大的類別，稱作“攝”。（　　）

5.讀若法是古代的一種描繪發音的部位或情態，從而給字注音的方法。（　　）

6.等韻學中指稱中古音聲紐的所謂五音指的是唇音、舌音、齒音、牙音、鼻音。（　　）

7.錢大昕用“直”讀若“特”、“追”讀若“堆”等，證明的是其“古無舌上音”之說。（　　）

8.中古三十六字母中“牙音”指的是“知、澈、澄、娘”四紐。

三、問答題

1.什麼叫陰陽對轉？什麼叫旁轉？

2.我國古代的注音方法有哪些？試分別舉例說明。

3.什麼是中古三十六字母？它是如何形成的？是哪三十六個字母？

4.什麼是古音通假？古音通假有哪幾種類型？舉例說明。

5.舉例說明通假與文字學中假借的區別。

6.舉例說明通假字與古今字的區別與聯繫。

四、指出下列句中的通假字，並寫出其本字

1.安有為天下阽危者若是而上不驚者？（賈誼《論積貯疏》）

2.有勇力者聚徒而衡擊，罷夫羸老易子而咬其骨。（同上）

3.抑不知生之志，蘄勝於人而取於人邪？（韓愈《答李翊書》）

4.自三峽七百里中，兩岸連山，略無闕處。（酈道元《水經注，江水》）

5.騫既至烏孫，致賜諭指，未能得其決。（《漢書·張騫李廣利傳》）

6.複造候風地動儀，以精銅鑄成，員徑半尺，合蓋隆起，形似酒尊。（《後漢書·張衡傳》）

7.五萬兵難卒合，已選三萬人，船糧戰具俱辦。（《資治通鑒》）

8,守一城，捍天下，以千百就盡之卒，戰百萬日滋之師，蔽遮江淮，沮遏其勢。（同上）

9.不用則以紙貼之，每韻為一貼，木格貯之。（《夢溪筆談·技藝》）

10.塗有狂夫，投刃而候；澤有猛虎，屬牙而望（王充《論衡·知實》）

11.吾固曰："非聖人之意也，勢也。"（柳宗元《封建論》）

12.後有起者，考求險要，辯別攻守。（顧祖禹《讀史方輿紀要·總敘》）

13.信以結之，則民不倍。（《禮記·緇衣》）

14.寡助之至，親戚畔之。（《孟子·公孫醜》）

15.謹庠序之教，申之以孝悌之義，頒白者不負戴于道路矣。（《孟子·梁惠王上》）

16.聖人有憂之，使契爲司徒，教以人倫。（《孟子·滕文公上》）

17.夫物之不齊，物之情也。或相倍蓰，或相什伯，或相千萬。（同上）

18.故九萬里則風斯在下矣，而後乃今培風。（《莊子·逍遙遊》）

19.蓬生麻中，不扶而直，白沙在涅，與之俱黑（《荀子·勸學》）

20.夫日月之有蝕，風雨之不時，怪星之黨見，是無世而不常有之。（《荀子·天論》）

第五章　訓詁要籍選讀

一、訓詁要籍中的基本名詞術語

在我國古代，語言研究也有 3 個子學科，不過與現代語言學有異，現代語言學所謂的 3 個子學科是語音學、語義學、語法學，而我國古代語言學的 3 個子學科則是文字學、音韻學、訓詁學。訓詁學的任務主要是詮釋字義、疏通文意的，如果一定要與現代語言學的三個子學科對上號的話，那就是與語義學相當，但實際上則是有天壤之別的。現代語義學研究的是關於語言單位的意義的一系列理論問題，其中最重要的是詞義 —— 義位，基本是務虛的，它對語言單位意義的詮釋不感興趣。而訓詁學則比較務實，它對具體的字義的理解感興趣，對句義的理解及文意的疏通感興趣。現代語義學的存在就是一部部現代語義學著作，它可以不針對具體的某種語言，那就是普通語義學，也可以針對某種具體語言，如現代漢語語義學或現代漢語詞義學等。而訓詁學的存在則主要是一部部關於我國古代典籍的注釋書，如關於《周禮》、《儀禮》、《禮記》、《論語》、《荀子》、《戰國策》、《國語》、《史記.》、《漢書》、《淮南子》、《三國志》等的注解書，說"主要是"是因為這部分注解書是我國古代訓詁學著作的主體部分；數量其次的則是古代的一些匯集字義的專書以及對這些專書的注解，如《爾雅》、《說文解字》、《方言》、《釋名》、《廣雅》等，相對於主體部分而言，數量上要小許多；再其次，數量更少的是古人，主要是清儒，在閱讀古籍的過程中隨手所做的筆記的匯集，如王念孫的《讀書雜誌》、俞樾的《古書疑義舉例》等等。

　　在這些標誌著古代訓詁學成就的古籍中，有一些術語是頗為常見的。惟其因為是歷代沿用下來的專業術語，所以訓詁學家們在使用這些術語時往往是並不加以解釋，用得自然、平常，就像中國人吃飯時使用筷子一樣。而這些術語並不見於現代語言學。在現代語言學的思想光輝中長大的現代大學生，對義素和義位、上義和下義、結構義和語義場均瞭若指掌，但對讀為和讀曰、讀如和讀若、先後二鄭和王氏四種則倍感陌生，因此，在閱讀古代訓詁典籍的時候就會遇到障礙。這樣，對一些常見術語作些基本的瞭解也便成了大家在閱讀訓詁學典籍之前所必須做的熱身動作了。

　　這些常見的基本術語有：

1.讀為、讀曰

　　“讀爲”和“讀曰”均爲古代注音兼釋義的訓詁術語。

　　“讀爲”，也作“讀曰”，爲漢代訓詁學家所創造運用並爲後世沿用的訓詁學術語，主要用於古籍的傳注中，意思爲改讀爲某字，即用本字來詮釋借字。如《詩經·衛風·氓》：“淇則有岸，濕則有泮。”鄭玄箋注：“泮，讀爲畔。”鄭玄認爲“畔”爲本字，“泮”爲借字，這裏的“泮”應解釋爲“畔”，即“河岸”之義。又如《尚書·舜典》：“播時百穀。”鄭玄注：“時，讀曰蒔。”即“時”爲“蒔”的借字，這裏的“時”即表“蒔”

之義。

訓詁學家有時也將"讀爲"、"讀曰"省作"讀"。如《淮南子·主術訓》："器械不苦而職事不嫚。"高誘注："苦讀監。嫚讀慢緩之慢。"高誘認爲這裏的"苦"、"嫚"分別爲"監"、"慢"的借字，分別表示"不堅牢"、"懈怠"的意思。

2.讀如、讀若

"讀如"和"讀若"均爲古代注音、釋義的訓詁術語。

"讀如"，也作"讀若"，也作"讀若某同"、"讀某如某"、"讀與某同"。爲漢代訓詁學家所創造運用並爲後世沿用的訓詁學術語，主要用於古籍的傳注中。一般用來注音。如《說文解字》："噲，咽也。從口，會聲。或讀若快。"但也常用來明假借，即用本字來詮釋借字。如《周禮·春官·男巫》："春招弭。"鄭玄注："杜子春讀弭如彌兵之彌。"鄭玄認同杜預的意見，認定"彌"爲本字，"弭"爲借字。又如《禮記·儒行》："起居竟信其志。"鄭玄注："信，讀如屈伸之伸，假借字也。"即"信"爲"伸"的借字，這裏的"信"即表"伸"之義。

"讀如"、"讀若"與"讀爲"、"讀曰"的區別在於：前者一般用於注音，但也常用來明假借；後者除注音外，必定是用本字來破讀假借字。

3.《史記》三家注

"《史記》三家注"，俗稱"三家注"，指的是古代三部著名的傳注《史記》的書籍：劉宋時裴駰的《史記集解》、唐司馬貞《史記索隱》、唐張守節《史記正義》。

《史記》原名《太史公書》、《太史公記》，現知最早稱司馬遷的這部史書爲《史記》的是東漢恒帝時作的《東漢廟碑》。

《史記》也是從東漢中期以後才開始廣泛地傳播流行的。至唐朝及唐朝以降，由於唐宋古文運動及歷代學者的推崇、美譽，《史記》聲望日隆，注家也蜂擁而至，傳注書也源源不斷，而其中最著名、影響最大的就是所謂的"《史記》三家注"。

劉宋裴駰的《史記集解》是現存最早的《史記》注本，該書共八十卷，博采作者當時所能見到的經傳百家及先儒之說，去蕪存菁，並一一標明出處。大量的援引的同時，也補充了大量己見。

《史記集解》在古代訓詁要籍中常被簡稱作《集解》或"裴氏（云）"。

唐司馬貞的《史記索隱》三十卷，取法裴駰的《史記集解》，廣收古代典故、異聞，同時針對《史記集解》等前人有關《史記》的傳注書中存在的舛誤或沒有闡明的問題，一一加以辯正，注文翔實，音義並重，具有極高的史學研究價值，被後世史學家讚譽為"價值在裴張兩家之上"。

《史記索隱》在古代訓詁要籍中常被簡稱作《索隱》或"小司馬（云）"。

唐張守節的《史記正義》三十卷，取法裴駰的《史記集解》，參閱前人典籍，尤其是方輿地理方面的資料，對《史記》的相關傳注予以了補充和辯正，尤其是對《史記》中的地名考釋尤為精細。

《史記正義》在古代訓詁要籍中常被簡稱作《正義》或"張氏（云）"。

總之，"史記三家注"以大量的歷史資料來對《史記》加以詮釋，開創了史籍注釋的新體例，也擴大了史籍注釋的範圍。

4.先後二鄭

所謂"先後二鄭"指的是東漢的兩位著名的經學家、小學家鄭眾和鄭玄。

鄭眾，字仲師，因其曾官至大司農，因此也叫鄭司農。東漢初年著名經學家、小學家。爲有別于東漢末年另一位著名經學家、小學家鄭玄，後代的學者稱其爲"先鄭"。鄭眾少承家學，精通《易.》、《書》，由精于《春秋左氏傳》，作《春秋難記條例》。同時，對"六書"也頗有心得，爲東漢記述"六書"細目的三家之一。

鄭眾在古代訓詁要籍中常被稱作"先鄭"或"鄭司農"。

鄭玄，字康成，東漢末年最著名的經學家、小學家。爲有別于東漢初年的另一位經學家、小學家，後代的學者稱其爲"後鄭"。鄭玄以畢生精力遍注儒家經典，被稱爲"鄭學"。其中最爲著名的也是流傳至今的有《周禮注》、《儀禮注》、《禮記注》和《毛詩故訓傳箋》等四部傳注書，歷來爲小學家所讚譽，均收入《十三經注疏》中。而其他的傳注書籍則已經亡佚。東漢的經學被稱爲"許鄭之學"，這"鄭"就指鄭玄。

鄭玄在古代訓詁要籍中常被稱作"後鄭"或"鄭康成"。其中《周禮注》、《儀禮注》、《禮記注》等三部傳注書在古代訓詁要籍中常被簡稱作"鄭注"；《毛詩故訓傳箋》在古代訓詁要籍中常被簡稱作"鄭箋"。

5.許慎和《說文解字》

許慎，字叔重，東漢汝南召陵（今河南郾城縣）人。東漢著名的經學家，有"五經無雙許叔重"之美譽，東漢經學被稱爲"許鄭之學"，其中的"許"就是指許慎。也是著名的小學家，歷經

21 年完成《說文解字》一書的撰寫。

所著《說文解字》，十五卷，共 10600 多字。收字 9353 個字，全部分列於 540 個部首之後。其體例爲先列出某字的小篆字體，爾後解釋該字的本義，再解釋該字字形結構與字義或字音之間的關係。該書是我國第一部解析漢字原始形體結構及考究字源的文字學專著，也是我國第一部實踐因形求義思想的訓詁學專著，還是我國第一部按部首編排的字書。

《說文解字》在古代訓詁要籍中常被簡稱作《說文》。

許慎所處的年代，雖然距秦代不遠，但天下盛行的是隸書，大篆、小篆已被人視作是奇怪的舊體，而且文字訛謬的情況已相當突出。爲了明辨文字的源流，許慎參考了史籀、李斯、楊雄等的書籍，又到處訪問博學之士，包括向他的老師賈逵請教，才有了《說文解字》的問世。從這一點來看，《說文解字》還有傳承和保存古代面臨絕跡的文字的功績。

6.大小二徐

所謂“大小二徐”指的是五代宋初著名文字學家徐鉉、徐鍇兄弟倆。

徐鉉，字鼎臣，五代宋初著名書法家、文學家、文字學家，徐鍇之兄。曾奉詔與句中正、葛湍、王惟恭等同校《說文解字》，正文增補了 19 個字，正文後又補了 402 個字作爲附錄，于宋太宗雍熙三年（986 年）完成並雕版刊行。經徐鉉等校訂增補的《說文解字》世稱“大徐本”，後世奉爲正本。

徐鍇，字楚金，五代宋初著名小學家，徐鉉之弟。著《說文解字系傳》40 卷，爲許慎的《說文解字》作注，是漢魏以降第一部有系統的也是頗爲詳盡的關於《說文解字》的注本。該書共收錄篆字 9353 個，也按 540 部編次，另收 1163 個重文。除引據前代古籍來證明許慎的訓釋外，還指出字的引申意義，並從形聲字的聲旁說明聲旁與字義的關係，對後代的訓詁學家有很大的影響。徐鍇的《說文解字系傳》世稱“小徐本”。除此之外徐鍇還撰有《說文解字韻譜》、《通釋五音》等著作。

徐鉉、徐鍇兩兄弟的共同志趣以及他倆在文字學上的獨特建樹，尤其是在《說文解字》的傳承、研究史上所作出的巨大貢獻，一直被學界引為佳話美談。

7.《說文》四大家

《說文》四大家，指的是清代數以百計的《說文解字》研究者中最為著名的四位學者：段玉裁、桂馥、王筠、朱駿聲，簡稱“段桂王朱”。

段玉裁，字若膺，號茂堂，清代著名文字學家、訓詁學家，《說文》四大家之一。段玉裁耗時 31 年，完成《說文解字注》30卷，簡稱《段注》。段氏先寫就《說文解字讀》，於每字下博引群書，詳注出處；晚年時刪去繁文，簡略成《說文解字注》。該書的主要成就在於：比勘大小二徐本，訂正傳寫及印刻過程中的謬誤；博引群書來詮釋許慎的訓釋，在此基礎上進一步說明字義的引申和變遷；闡發音義之間的關係，依據形聲字聲旁來說明音義相通之理。全書創見頗多。段玉裁《說文解字注》于嘉慶二十五年（1815 年）五月刊行於世，即受到學者的廣泛好評，風行一時，王念孫稱讚該書“蓋千七百年來無此作矣”。

桂馥，字多卉，一字未穀，號雩門，別號蕭然山外史，晚年自稱老苔，清代著名書法家、篆刻家、文字學家。《說文》四大家之一。桂馥耗時 40 餘年，撰《說文義證》五十卷，以所收集的古籍之義對許慎《說文解字》中的訓釋加以梳證，其援引舊說之宏富，辯證論述之精詳，爲後人所稱道。論者謂《說文義證》之功力當冠于《說文》四大家所撰之首。只是其書晚出許久，刊行數量也極少，影響遠不及段玉裁的《說文解字注》。

王筠，字貫山，號籙友，清代著名文字學家。《說文》四大家之一。一生著述宏富，尤以《說文句讀》、《說文釋例》兩種最爲著稱於世。《說文句讀》共 20 卷，是作者採集段、桂等《說文》研究大家的著作，辨其正誤，刪繁舉要，參以己意而撰成。該書淺易簡明，是初學《說文》者使用較爲便利的本子。《說文釋例》疏解許慎的訓釋和《說文》的體例，提綱挈領，貫穿通達，爲後人研究《說文解字》開闢了新的途徑。

朱駿聲，字豐芑，號允倩，晚年又號石隱。《說文》四大家之一。所著《說文通訓定聲》共 18 卷，是一部按上古韻部改編《說文解字》的書。全書以形聲字聲旁爲綱，按字音分別歸屬古韻十八部。每字之下，先羅列《說文解字》許慎的訓釋，再引群書古注爲證，即所謂的“說文”；爾後陳述字的引伸義和因文字假借而產生的假借義，即所謂的“通訓”；最後舉出上古韻文中的用韻來證明古音，闡明字音，即所謂的“定聲”。其中通訓爲主要部分。

8.《爾雅》

《爾雅》是一部匯集周秦時代古詞古義的專著，也是我國第一部按義類編排的詞典，同時也是我國訓詁學的開山之作。作者不詳，一般認爲是秦漢間的學者綴輯周秦時代諸書舊文遞相增益而成，成書于西漢初年，即西元前 2 世紀左右。

全書共收詞語 4300 多個，分爲 2091 個條目，分列在 19 篇中。

這 19 篇分別爲：釋詁、釋言、釋訓、釋親、釋宮、釋器、釋樂、釋天、釋地、釋丘、釋山、釋水、釋草、釋木、釋蟲、釋魚、釋鳥、釋獸、釋畜等。其中前 3 篇訓釋的是一般語詞，類似于後世的語文詞典；其餘 16 篇訓釋的是各種事物的名稱，類似於後世的百科詞典。其中"釋親"訓釋的是古代的親屬稱謂。

《爾雅》早在漢代就被列爲儒家經典，因爲它是儒生們讀經、通經的重要工具書。到了宋代，被列爲十三經之一。後人模仿《爾雅》體例撰寫了一系列以"雅"爲書名的訓詁學著作，如《小爾雅》、《廣雅》、《埤雅》、《駢雅》、《通雅》、《別雅》等，不僅如此，還有不少學者對《爾雅》及其後的"雅"類著作進行疏通、詮釋、辨證，於是便形成了一門專門的學問，稱爲"雅"學。

《爾雅》最早最完整的注本是晉代郭璞的《爾雅注》，簡稱"郭注"。《十三經注疏》中的《爾雅注疏》便用了郭注及宋代邢昺的《爾雅疏》。清儒的注本中以邵晉涵的《爾雅正義》和郝懿行的《爾雅義疏》最爲著名。

9.《廣雅》

《廣雅》是我國最早的一部百科詞典，爲三國魏張揖所撰，取名《廣雅》就是增廣《爾雅》的意思。

全書收字 18150 個，仿照《爾雅》體例編排，分列於 19 篇中，各篇的名稱、訓釋的方式等也同《爾雅》。所不同的是，取材的範圍要比《爾雅》廣泛，舉凡漢代以前經傳中的釋義，乃至楚辭、漢賦的注釋，以及《方言》、《說文解字》等漢代文字、訓詁書籍中的詮釋，全部收集在內，是研究漢魏以前詞彙和訓詁的重要著作。《廣雅》最好的注本是王念孫的《廣雅疏證》。

10.《方言》

《方言》是我國第一部方言比較詞彙集。其全稱爲《輶軒使者絕代語釋別國方言》，簡稱爲《方言》，作者是西漢揚雄。

《方言》共十五卷，9000 字，是揚雄花費二十七年時間完成的一部著作。傳世的今本《方言》是晉代郭璞的注本，只有十三卷，11900 多字，比原本多出了將近 3000 字，估計均爲郭氏以前的學者所增。

《方言》所收錄的方言殊語分佈區域極廣：北起燕趙（今遼寧、河北一帶），南至沅湘九嶷（今湖南一帶）；西起秦隴涼州（今陝西、甘肅一帶），東至東齊海岱（今山東、河北一帶）。甚至連朝鮮北部的方言詞語也有所搜集。《方言》的框架體例大致與《爾雅》相似，它雖然沒有象《爾雅》那樣明確地標明門類，但也基本上採用分類編次法，即屬於同類事物的詞語編排在同一卷中。其釋詞方式是：先列出詞語條目，然後說明 "某地謂之某" 或 "某地某地之間謂之某"。如果該詞語還有因內部的各種類別差異而呈現出不同的稱謂的話，也都不厭其煩一一列出。這就比《爾雅》只用一個詞來解釋幾個乃至於幾十個同義詞要精密準確得多。而且《爾雅》主要是以今詞釋古詞，《方言》則是以通語詞彙釋方言詞彙。

《方言》的作者所做的是一種田野調查工作，他是以當時的人們的口頭活語言作爲考察對象而不是以用文字記錄的語言作爲考察對象的，這在 2000 多年以前是極爲難能可貴的，因此，在當時就被人稱爲 "懸諸日月不刊之書"。

《方言》最早的注本是晉代郭璞的《方言注》，流傳最廣的注本是清代錢繹的《方言箋疏》，近人周祖謨的《方言校箋》，以及當代華學誠的《揚雄方言校釋匯證》。

11.《釋名》

《釋名》是一部專門探求事物名源的訓詁學著作，也是最早的一部完全採用聲訓的著作。作者是東漢末年的劉熙（字成國）。

《釋名》共 8 卷，收錄各類名物典禮詞語 1502 條，分成 27 篇，依次爲：釋天、釋地、釋山、釋水、釋丘、釋道、釋州國、釋形體、釋姿容、釋長幼、釋親屬、釋言語、釋飲食、釋采帛、釋首飾、釋衣服、釋宮室、釋床帳、釋書契、釋典藝、釋用器、釋樂器、釋兵、釋車、釋船、釋疾病、釋喪制等。全部採用聲訓，不但詮釋所收的這些名物典禮詞語的意義，還指出其得名的原由和理據。其中不乏精妙之說，但也頗多穿鑿杜撰之論。

《釋名》最爲著名的注本是清代畢沅的《釋名疏證》、王先謙的《釋名疏證補》。

12.王念孫

王念孫（1744-1832），字懷祖，因生下來就清瘦，便自號石臞。江蘇高郵人。自幼聰慧，八歲讀完十三經。其父王安國，爲雍正二年（1722 年）殿試一甲二名進士（榜眼），官至禮部尚書，曾延請安徽休寧人戴震給王念孫傳授文字、音韻、訓詁學，盡得其傳。好學深思，青年時期就負盛名，翁方綱曾贈以楹聯讚譽："識過鉉鍇兩徐而上，學居後先二鄭之間。"乾隆四十年（1775年）進士。與錢大昕、盧文弨、邵晉涵、劉台拱有"五君子"之稱。主要著作有《讀書雜誌》、《廣雅疏證》等。王念孫精通文字、音韻、訓詁及校勘之學，是清代乾嘉學派的傑出代表，所發明並付諸實踐並取得令人矚目成就的因聲求義理論推動了中國訓詁學的發展。

13.高郵王氏四種

高郵王氏四種，也簡稱"王氏四種"，指的是王念孫、王引之父子所撰寫的四部訓詁學著作：王念孫的《讀書雜誌》、《廣雅疏證》，王引之的《經義述聞》、《經傳釋詞》等。這是清代訓詁學的巔峰之作。

《讀書雜誌》，王念孫著。這是一部讀書劄記性質的訓詁學書籍，共八十二卷，所討論的均爲除經部以外的子部、史部、集部的古籍。全書以條目排列，共有 4896 條。每一條目均爲需要辯證的詞語，條目下面先列該詞語出處的原文文字，再列此前學者的主張和意見，然後用"念孫案"總領自己的辯證分析。該書比較全面地反映了王念孫的訓詁學以及校勘學的思想和方法，是清代訓詁學的名著。

《廣雅疏證》，王念孫著，共十卷。作者針對中國古代文字學重形不重音的局限，用了十年的時間，援引經傳，旁采眾說，詳加考證，因聲求義，改正原書錯字、漏字、衍字等訛誤極多，創見迭出。該書比較全面地反映了王念孫的訓詁學思想和方法。

《經義述聞》，王引之著，共三十二卷，該書主要解釋群經典籍中的疑義，糾正前人傳注中的謬誤。是一部熔小學、校勘學、經學爲一爐的著作。王引之在卷首的自序中引用其父王念孫所言："訓詁之旨存乎聲音，字之聲同聲近者經傳往往假借。學者以聲求義，破真假借之字而讀以本字，則渙然冰釋，如其假借之字強爲之解，則詁爲病矣。"該書與《廣雅疏證》一樣也是一部實踐王氏父子因聲求義思想的著作。

《經傳釋詞》，王引之著，十卷。主要針對經傳中的虛詞加以詮釋，共收錄九經、三傳以及周秦兩漢之書中的虛詞 160 個，經傳釋詞》同樣因聲求義，不限形體。王引之採用訓詁學方法來研究虛詞，取得了卓越的成就，爲後來研究虛詞開闢了一條門徑，影響極大。後來學者的補作，以及《古書虛字集釋》、《廣釋詞》之類的著作，都深受其影響。

14. "高注"、"應劭曰"、"杜注"、"郭璞曰"、"徐廣曰"、"韋注"、"皇侃疏"、"師古曰"、"楊注"、"宋祁曰"、"鮑注"、"吳注" 等

在古代訓詁要籍中，常提到"高注"。"高注"中的"高"指的是高誘，東漢著名訓詁學家。所謂的"高注"指的是高誘撰寫的《呂氏春秋注》、《戰國策注》及《淮南子注》。

在古代典籍中，也常提到"應劭曰"。應劭是東漢著名訓詁學家。所謂的"應劭曰"指的是應劭撰寫的《集解漢書音義》。

在古代典籍中，也常提到"杜注"。"杜注"中的"杜"指的是杜預，西晉著名訓詁學家。所謂的"杜注"指的是杜預撰寫的《春秋左氏經傳集解》，也簡稱作"集解"。

在古代典籍中，也常提到"郭璞曰"。郭璞是西晉著名訓詁學家。所謂的"郭璞曰"指的是郭璞撰寫的《爾雅注》、《周易注》、《楚辭注》、《三海經注》、《方言注》等。

在古代典籍中，也常提到"徐廣曰"。徐廣是東晉著名訓詁學家。所謂的"徐廣曰"指的是徐廣撰寫的《史記音義》。

在古代典籍中，也常提到"韋注"。"韋注"中的"韋"指的是韋昭，三國吳國的著名訓詁學家。所謂的"韋注"指的是韋昭撰寫的《國語注》，也簡稱作"韋注"。

在古代典籍中，也常提到"皇侃疏"。皇侃是南朝梁著名訓詁學家。所謂的"皇侃疏"指的是皇侃撰寫的《論語義疏》、《禮

記義疏》、《孝經義疏》等。

在古代典籍中，還常提到"師古曰"。"師古曰"中的"師古"指的是唐初的著名訓詁學家。所謂的"師古曰"指的是顏師古撰寫的《漢書注》。

其他的，如"楊注"則指的是唐代中晚期著名訓詁學家楊倞的《荀子注》，"宋祁曰"指的是北宋著名經學家宋祁（字子京）所撰寫的《漢書注》，"鮑注"指的是南宋著名訓詁學家鮑彪撰寫的《戰國策注》，"吳注"指的是元代初期著名訓詁學家吳師道撰寫的《戰國策校注》。

二、王念孫《讀書雜誌》選讀

1.朝為天子（《戰國策·秦策》）

"魏爲逢澤之遇乘夏車，稱夏王，朝爲天子，天下皆從。"念孫案："爲"與"於"同。謂"魏惠王朝于天子而天下皆從也"。《秦策》又曰："梁君驅十二諸侯，以朝天子于孟津。"《齊策》曰："魏王從十二諸侯朝天子。"皆其證也。鮑讀"朝"爲"朝夕"之"朝"，而於"朝"上增一字，謂"魏王一朝爲天子而天下皆從"，其失甚矣。吳讀"朝"爲"朝聘"之"朝"，是也。而雲"爲"字疑衍，則未知"於"、"爲"之通用也。

這一則辯證中，有以下幾個重點需要掌握：

（1）文中的"梁君"所指爲誰？

（2）按王念孫意思，"朝爲天子"作何解釋？"朝"該讀作什麽音？

（3）動詞的使動用法。

（4）"鮑讀'朝'爲'朝夕'之'朝'"中，"鮑"所指爲什麼時代的什麼人，在什麼書中有此說？"讀……爲……"表什麼意思？

（5）"吳讀'朝'爲'朝聘'之'朝'"中，"吳"所指爲什麼時代的什麼人，在什麼書中有此說？王念孫認爲，"吳"也存在失誤，失誤在哪里？

2.久居若圍城之中（《戰國策·趙策》）

"魯連見辛垣衍，辛垣衍曰：'吾視居此圍城之中者皆有求于平原君者也。今吾視先生之玉貌，非有求于平原君者，曷爲久居若圍城之中而不去也？'"鮑據上文及《史記·魯仲連傳》改"若"爲"此"。吳云："'若'疑'居'字訛衍"。念孫案：鮑之改，吳之疑，皆非也。"若"猶"此"也。《隱四年·公羊傳》："公子翬恐若其言聞乎桓。"謂此其言也。《莊四年傳》"有明天子則襄公得爲若行乎？"謂此行也。《論語·公冶長篇》："君子哉！若人。"謂此人也。古字或兼數義，後人不能徧識或改之或刪之，而古義浸丛矣。

（1）"鮑據上文"中的"鮑"指什麼時代的什麼人？這裏指的是他的什麼著作？

（2）"吳云：'"若"疑"居"字訛衍。'"中的"吳"指的是什麼朝代的什麼人？這裏指的是他的什麼著作？

（3）將"古字或兼數義，後人不能徧識或改之或刪之，而古義浸丛矣。"譯成白話。

3.秦按兵攻魏（《戰國策·趙策》）

"臣謂奉陽君曰：'天下事秦，秦堅三晉之交攻齊，國破財屈而兵東分于齊，秦按兵攻魏，敗安邑。'"念孫案："秦按兵攻魏"，"兵"字後人所加也。"秦按攻魏"者，"按"，語詞，猶言"於是"也，言"秦使三晉攻齊，國破財屈而兵分，秦於是攻魏取安邑，則三晉不能救也。"下文曰："秦行是計也，君按救魏，是以攻齊之已獘與秦爭戰也。"又曰："天子下事秦，秦按爲義，存亡繼絕，固危扶弱。""秦按攻魏"、"君按救魏"、"秦按爲義"三"按"字義並同也。"按"，字或作"案"，又作"安"，又作"焉"。《荀子‧勸學篇》："上不能好其人，下不能隆禮，安特將學雜識志順詩書而已耳?"楊倞曰："安，語助，或作安，或作案。《荀子》多用此字。"《禮記‧三年問》作"焉"。《戰國策》："謂趙王曰：'秦與韓爲上交，秦禍案移于梁矣。秦與梁爲上交，秦禍案攘於趙矣'。"《呂氏春秋》："吳起謂商文曰：'今日置質爲臣，其主安重；釋璽辭官，其主安輕'。"葢當時人通以"安"爲語助。念孫案：字之作"案"者，《戰國策》、《荀子》而外，又見於《逸周書》；其作"安"者，《戰國策》、《荀子》、《呂氏春秋》而外，又見於《國語》；其作"焉"者，則《禮記‧三年問》而外，見於經、史、諸子者甚多。後人不知"按"爲語詞，而於"按"下加"兵"字，"按兵"與"攻魏"連文，而其義遂不可通矣。

　　這一則辯證中，有以下幾個重點需要掌握：

　　（1）"語詞"、"語助"所指爲何意？

　　（2）按王念孫意思，"安"、"按"、"案"均爲何意？

　　（3）"楊倞曰"指的是楊倞的什麼書籍？

4. "特劫於威強耳"（《史記‧淮陰侯列傳》）

　　"項王所過無不殘滅者，天下多怨，百姓不親附，特劫於威強耳"念孫案："強"讀"勉強"之"強"，"強"下當有"服"字，"劫於威"三字連讀，"強服"二字連讀，言"百姓非心服項王，特劫於威而強服耳"。下文云"今楚強以威王此三人，秦民莫愛也"，語意正與此同。今本脫去"服"字，則當以"威強"連讀，而讀"強"爲"強弱"之"強"，非其指矣。《漢書》及《新序·善謀篇》"強"下皆有"服"字。顏師古曰："強音其兩反。"是其證。

這一則辯證中，有以下幾個重點需要掌握：

（1）古漢語被動句的句式及構成；

（2）名詞的使動用法。

（3）通假字的識別。

（4）古漢語變聲表義問題。

（5）訓詁學術語"讀"、"讀爲"及"某某反"。

5.數讓之（《史記·張曦列傳》）

"因而數讓之。"《索隱》曰："謂數設詞而讓之。讓，亦責也。數，音朔。"念孫案：小司馬讀"數"爲"頻數"之"數"，非也。秦初不見儀至，是始一見，即責以數語而謝去之，未嘗數責之也。"數"讀如"數之以王命"之"數"。高注《秦策》曰："數，讓也。"《廣雅》曰："數、讓，責也。""數讓"連文猶"誅讓"連文，古人自有複語耳。

這一則辯證中，有以下幾個重點需要掌握：

（1）《索隱》所指爲誰的什麼書籍？

（2）"謂數設詞而讓之。"中的"數"爲什麼詞性的詞，表什麼意思？

（3）"小司馬"所指爲什麼時代的什麼人？這裏指的是小司馬在什麼書中的觀點？

（4）訓詁學術語"讀如"。

（5）"數之以王命"中的"數"爲什麼詞性，表什麼意思？

（6）"高注"指的是什麼時代什麼人的什麼書？

（7）《廣雅》是一部什麼樣的書？

（8）"連文"表什麼意思？"複語"表什麼意思？

6.濯淖（《史記·屈原賈生列傳》）

"濯淖污泥之中。"《索隱》曰："濯，音濁；汗，音烏故反；泥，音奴計反。"念孫案：上言"洗濯"，下言"淖"，則文不相屬。"濯"字當讀直教反。"濯淖污泥"，四字同義。《說文》曰："潘，淅米汁也。"又曰："周謂潘曰泔。"又曰："滫，久泔也。"《廣雅》曰："濯，滫也。……士喪禮，渜濯棄於坎。"鄭注曰："沐浴余潘水。"《釋文》："濯，直孝反。喪大記，濡濯棄於坎。"皇侃疏曰："濯，謂不淨之汁也。"《廣雅》曰："淖，濁也。"是"濯"、"淖"皆汙濁之名。

這一則辯證中，有以下幾個重點需要掌握：

（1）《索隱》指的是什麼時代什麼人的什麼書籍？

（2）"鄭注"指的是什麼時代什麼人的什麼書籍？

（3）《說文》指的是什麼書籍？

（4）"皇侃疏"指的是什麼時代什麼人的什麼書？

（5）簡述王念孫論證"'濯'、'淖'皆汙濁之名"的方法。

7.道從長安來（《史記·淮南衡山列傳》）

"諸使道從長安來。"念孫案："道"即"從"也。《漢書》作"諸使者道長安來"。顏師古曰："道，從也。"鄭注《禮器》曰："道，猶由也，從也。"《晁錯傳》："道軍所來。"《集解》引薛瓚曰："道，由也。"《大荒西經》："風道北來。"郭璞曰："道，猶從也。"引《韓子·十過篇》曰："元鶴二八道南方來。"是"道"與"從"同義。今本《史記》作"道從長安來"者，一本作"道"，一本作"從"，而後人誤合之耳。《索隱》引姚丞云："'道'或作'從'。"是其明證矣。

這一則辯證中，有以下幾個重點需要掌握：

（1）"顏師古曰"指的是顏師古的什麼書籍？

（2）"鄭注"指的是什麼人的什麼書籍？

（3）《集解》指的是什麼時代什麼人的什麼書？

（4）"郭璞曰"指的是郭璞的什麼書籍？

（5）《索隱》指的是什麼人的什麼書籍？

（6）王念孫推斷今本《史記》"道從長安來"的由來爲何？

8.用之富（《史記·貨殖列傳》）

"田農，掘業，而秦陽以蓋一州；掘塚，奸事也，而曲叔以起；博戲，惡業也，而桓發用之富。行賈，丈夫賤行也，而雍樂成以饒。"念孫案："桓發用之富"，本作"桓發用富"，"用"，亦"以"也，與上下三"以"字互文。後人於"用"下加"之"字，則失其句法矣。《史記》多以"以"、"用"互文。《秦楚之際月表序》曰："以德若彼，用力若此。"《天官書》曰："歲星出常東方，以晨；于西文，用昏。"《老莊申韓傳》曰："儒者用文亂法而俠者以武犯禁。"《遊俠傳》曰："魯人皆以儒教，而朱家用俠聞。"《自序》曰："智是以應近世之變，寬足用得人。"皆其證也。《皋陶謨》曰："侯以明之，撻以記之，書用識哉。"《管子·小問篇》曰："臣聞取人以人者，其去人也亦用人。"《荀子·非相篇》曰："故君子之度已則以繩，接人則用抴。"《呂氏春秋·疑似篇》曰："此褒姒之所用死而平王之所以東徙也。"《韓子·揚榷篇》曰："下匿其私，用試其上；

上操度量，以割其下。"皆以"以"、"用"互文。

這一則辯證中，有以下幾個重點需要掌握：

（1）"互文"爲何意？

（2）"後人於'用'下加'之'字，則失其句法矣。"中"句法"所指爲何意？

（3）將"田農，掘業，而秦陽以蓋一州；掘塚，奸事也，而曲叔以起；博戲，惡業也，而桓發用富。行賈，丈夫賤行也，而雍樂成以饒。"譯成白話。

9.嫁庸奴亡其夫去（《史記·張耳陳餘列傳》）

"外黃富人女甚美，嫁庸奴亡其夫去抵父客。"《集解》於"亡其夫"下注曰："一云'其夫亡'也。"念孫案：一本是也。"嫁"字後人所加。"亡"字本在"其夫"下，"庸奴其夫"爲句，"亡去"爲句，"抵父客"爲句。《漢書》作"外黃富人女甚美，庸奴其夫，亡邸父客。"是其證也。因"亡"字誤在"其夫"之上，遂與"庸奴"二字義不相屬。後人不得其解，輒於"庸奴"上加"嫁"字，而讀"嫁庸奴"爲句，"亡其夫"爲句，其謬甚矣。徐廣讀"其夫亡"爲句，亦非。

這一則辯證中，有以下幾個重點需要掌握：

（1）《集解》指的是什麼書籍？

（2）"徐廣讀'其夫亡'爲句，亦非。"中，"徐廣"指的是什麼人？"讀"爲何意？

（3）按王念孫意思，"外黃富人女甚美，嫁庸奴亡其夫去抵父客。"文字、句讀應該修改爲何種情形？

（4）將"外黃富人女甚美，嫁庸奴亡其夫去抵父客。"修正後的情形譯成白話。

10.督過之　過楚　不過（《史記‧張儀列傳》）

“大王之威，行於山東，敝邑愁居懾處，不敢動搖，唯大王有意督過之也。”《索隱》曰：“督者，正其事而責之。督過，是深責其過也。”念孫案：“督、過”，皆“責”也。《晏子春秋‧雜篇》曰：“古之賢君，臣有受厚賜而不顧其國族，則過之；臨事守職不勝其任，則過之。”《楚辭‧九章》曰：“信讒諛之溷濁兮，盛氣志而過之。”《呂氏春秋‧適威篇》曰：“煩為教而過不識，數為令而非不從。”高誘注曰：“過，責也。”是“督、過”皆責也。若以“過”為“過失之過”，則當言“督過”不當言“督過之”矣。《甘茂傳》蘇代謂向壽曰：“公奚不以秦為韓求穎川于楚？此韓之寄地也。公求而得之，是令行于楚而以其地德韓也；公求而不得，是韓、楚之怨不解而交走秦也。秦、楚爭強而公徐過楚以收韓，此利於秦。”案：“過楚”謂“責楚”也。《正義》謂“說楚之過失以收韓”，亦失之。《張釋之傳》曰：“釋之見謝景，帝不過也。”“不過”，亦謂“不責之”也。

這一則辯證中，有以下幾個重點需要掌握：

（1）《索隱》指的是什麼書籍？在文中，《索隱》的解釋對嗎？

（2）“高誘注”指的是高誘的什麼書籍？在文中，“高誘注”的意見對嗎？

（3）《正義》指的是什麼書籍？在文中，《正義》的解釋對嗎？

（4）王念孫雲：“若以‘過’為‘過失’之‘過’，則當言‘督過’不當言‘督過之’矣。”若以現代漢語語法學的原理應該怎麼表述？

（5）將“大王之威，行於山東，敝邑愁居懾處，不敢動搖，唯大王有意督過之也。”譯成白話。

11.歲星所在五穀逢昌其對為沖歲乃有殃（《史記·天官書》）

“略以知日至，要決暑景，歲星所在，五穀逢昌，其對爲沖，歲乃有殃。”張守節斷“暑景歲星所在”爲一句，說曰：“言暑景歲星行不失次，則無災異，五穀逢其昌盛；若暑景歲星行而失舍，有所沖，則歲乃有殃禍災變也。”念孫案：張說非也。“暑景”上屬爲句，“略以知日至，要決暑景”者，此言日至測暑景之事也，自“歲星所在”以下，別爲一事，與“暑景”無涉。“歲星所在”者，謂歲星所居之地，非謂暑景歲星行不失次也。“五穀逢昌”者，“逢”與“豐”古字通，“逢昌”即“豐昌”，非謂逢其昌盛也。“其對爲沖”者，一言與歲星所居之地相對則爲沖。假如歲在壽星，則降婁爲沖，歲在大火，則大樑爲沖，非謂暑景歲星行而失舍，有所沖也。地當歲星之沖，則有殃。《左傳·襄二十八年》：“歲棄其次，而旅于明年之次，以害鳥帑，周楚惡之。”杜注曰：“歲星所在，其國有福，失次於北，禍沖在南。”《淮南·天文篇》曰：“歲星之所居，五穀豐昌，其對爲沖，歲乃有殃。”是其明證矣。

這一則辯證中，有以下幾個重點需要掌握：

（1）張守節爲何人？他犯了什麼錯誤？

（2）“杜注”指的是什麼人的什麼書籍？

（3）將“略以知日至，要決暑景，歲星所在，五穀逢昌，其對爲沖，歲乃有殃。”譯成白話。

12.謂天下何（《史記·孝文本紀》）

“今縱不能博求天下賢聖有德之人而禪天下焉，而曰：‘豫建太子，是重吾不德也，謂天下何？'"《索隱》曰："言何以謂於天下也。"念孫案："謂"，猶"如"也，言"如天下何"也。《禮書》曰："典法不傳，謂子孫何？"《律書》曰："謂百姓遠方何？"義並與此同。《禮書》又曰："孝文以爲繁禮飾貌無益於治，躬化謂何耳。"言禮貌不足恃，但問"躬化如何耳"。《儒林傳》："申公對武帝曰：'爲治者不至多言，顧力行何如耳？'"，語意與此同。古者謂"如何"爲"謂何"。《邶風·北門篇》："天實爲之，謂之何哉？"言"如之何"也。《僖二十八年左傳》："救而棄之，謂諸侯何？"言"如諸侯何"也。《成二年傳》："以師伐人，遇其師而還，將謂君何？"言"將如君何"也。《十七年傳》："君實有臣而殺之，其謂君何？"言"其如君何"也。《齊策》曰："雖惡于後王，吾獨謂先王何乎？"言"獨如先王何"也。故高注曰："謂何，猶奈何也，奈，亦如也。"《魏策》曰："殺之亡之，無謂天下何內之，無若群臣何。"言"無如天下何"，"無如群臣何"也。《漢書·禮樂志》："郊祀歌徧觀是邪謂何？"晉灼曰："謂何，當如之何也。"

　　這一則辯證中，有以下幾個重點需要掌握：

　　（1）《索隱》所指爲何？在文中的解釋正確嗎？

　　（2）"高注"指的是什麼人的什麼書籍？在文中的解釋正確嗎？

　　（3）"晉灼曰"指的是什麼書籍？在文中的解釋正確嗎？

　　（4）根據王念孫的意思，"謂何"當解釋爲何意？

13.　"憙"（《漢書·郊祀志》）

　　"而天子心獨憙其事秘世莫知也。"師古曰："'憙'讀曰'喜'，'喜'，好也，音許吏反。"念孫案：景祐本"憙"作

“喜”，是也。“喜”，樂也，音許裏反；“憙”，好也，音許吏反。《桓六年·谷梁傳》：“陳侯憙獵。”《釋文》：“憙，虛記反。”“獨憙”，獨好也。而景祐本作“喜”者，借字耳。注當作：“喜”，讀曰“憙”，憙，好也，音許吏反。今本既改正文作“憙”，又互改注內“喜”、“憙”二字，而其義遂不可通。《太平禦覽·神鬼部一》引《漢書》正作“喜”。《史記》同。又《賈誼傳》：“遇之有禮，故群臣自喜。”“喜”亦借字也。故師古曰：“‘喜’讀曰‘憙’，音許吏反，‘憙’，好也，‘好’爲志氣也。”而今本正文亦改爲“憙”，注“喜、憙”二字，亦互改矣。唯“憙，好也”之“憙”未改。

　　這一則辯證中，有以下幾個重點需要掌握：

　　（1）音“許裏”反的“喜”與音“許吏”的“憙”在詞性和詞義上有何區別？

　　（2）“景祐本”所指爲何？

　　（3）《釋文》所指爲何？

　　（4）訓詁學術語“讀曰”。

　　（5）“師古曰”指的是什麼時代什麼人的什麼書？

　　（6）簡述王念孫這段辯證的主要意思。

14.而莝（《漢書·五行志》）

　　“元帝永光二年八月，天雨草而莝相摎結，大如彈丸。平帝元始三年正月，天雨草，狀如永光時。”師古曰：“摎，繞也。摎音居虯反。”念孫案：“莝”本作“莎”（先禾反），即《爾雅》所謂“薃侯，莎莝也。天雨草而莎者。”“而”讀曰“如”，謂“天雨草其狀如莎”也。草必有狀，故曰“如莎”。下文又云：“天雨草狀如永光時。”不得泛一言“雨草”也。“相摎結”者，謂"其草皆互相摎結"，不專指"葉"言之。後人不知"而"之讀爲"如"，遂不得其解而改"莎"爲"葉"，其失甚矣。"而莎"二字，師古皆無音釋，則所見已是誤本。《漢紀·孝元紀》雲："永光二年，天雨草如莎，相摎結如彈丸。"《孝平紀》云："元始三年，天雨草，狀如莎，相摎結如彈丸。"皆本漢志，今據以訂正。

這一則辯證中，有以下幾個重點需要掌握：

（1）《爾雅》是本什麼樣的書籍？

（2）訓詁學術語"讀曰"、"讀爲"。

（3）按王念孫的意思，"元帝永光二年八月，天雨草而葉相摎結，大如彈丸。平帝元始三年正月，天雨草，狀如永光時。"的句讀是錯誤的，正確的標點應該是："元帝永光二年八月天雨草而莎相摎結大如彈丸平帝元始三年正月天雨草狀如永光時"。

（4）將"元帝永光二年八月天雨草而莎相摎結大如彈丸"一句譯成白話。

15.物故（《漢書·將數十騎從傳》）

"前以降及物故，凡隨武還者九人。"師古曰："物故，謂死也，言其同於鬼物而故也；一說'不欲斥言，但雲其所服用之物皆已故耳'。"宋祁曰："物，當從南本作'殁'，音沒。"又《釋名》曰："漢以來謂'死'爲'物故'，言'其諸物皆就朽故'也。"《史記·張丞傳》，《集解》引《高堂隆答魏朝訪》曰："物，無也；故，事也。言'無所能於事'。"念孫案：子京說近之。"物"與"殁"同。《說文》："殁，終也。"或作"歿"。"殁""物"聲近而字通。今吳人言"物"字聲如"沒"，語有輕重耳。"殁故"，猶言"死亡"。《楚元王傳》

云：“物故流離以十萬數。”《夏侯勝傳》云：“百姓流離物故者過半。”“物（歾）故”與“流離”對文，皆兩字平列。諸家皆不知“物”爲“歾”之借字，故求之愈深而失之愈遠也。

　　這一則辯證中，有以下幾個重點需要掌握：

　　（1）“宋祁曰”指的是宋祁的什麼書籍？

　　（2）《釋名》是一部什麼樣的書籍？

　　（3）《集解》是什麼人寫的書籍？

　　（4）“子京”指的是何人？

　　（5）“今吳人言‘物’字聲如‘沒’，語有輕重耳。”說的是什麼意思？

　　（6）將“物故流離以十萬數。”及“百姓流離物故者過半。”譯成白話。

　　16.蠻荊（《漢書・王賈傳》）

　　“南不過蠻荊。”又下文：“《詩》云‘蠢爾蠻荊’。”念孫案：“蠻荊”，當依《通典・兵四》作“荊蠻”。《小雅・采芑篇》：“蠢爾蠻荊。”段氏若膺《詩經小學》曰：《漢書・韋元成傳》引《詩》“荊蠻來威。”案毛云：“荊州之蠻也。”然則《毛詩》固作“荊蠻”，傳寫爲誤倒之也。《晉語》叔向曰：“楚爲荊蠻。”韋注：“州之蠻正用毛傳爲說。”又《齊語》：“萊莒徐夷。”韋注：“徐夷，徐州之夷也。”可證“荊蠻”文法。又案：《吳都賦》：“跨躡蠻荊。”李善注引《詩》“蠢爾荊蠻”，然則唐初詩不誤，左思倒字以與“並、精、垌”爲韻耳。《後漢・李膺傳》應奉疏曰：“緄前討荊蠻，均吉甫之功。”注引“蠻荊來威”者，俗人所改易也。《文選》“王仲宣誄，遠竄荊蠻”注引《詩》“蠢爾荊蠻”，亦誤倒。顧氏千里曰：“《正義》云：‘宣王承厲王之亂荊蠻內侵’。”是《正義》本作“荊蠻”。下文皆作“蠻荊”，後人依經注本倒之而有未盡也。臧氏和貴曰：“《漢書·陳湯傳》引《詩》‘蠻荊來威’。”師古曰：“令荊土之蠻亦畏威而來。”是本作“荊蠻”。念孫案：段、顧、臧說是也。經傳皆言“荊蠻”。或作“蠻荊”者，後人依誤本《毛詩》倒之耳。《太平禦覽·兵部十八》引《漢書》正作“蠢爾荊蠻”。“荊蠻”者，群蠻之一，若《史記》之言“楚蠻”。不當倒言“蠻荊”也。楊雄《楊州牧箴》：“獷矣淮夷，蠢蠢荊蠻，翩彼昭王，南征不旋。”“蠻”與“旋”為韻。《後魏肅宗詔》亦云：“蠢爾荊蠻，氣埃不息，傳休奕鼓吹曲，蠢爾吳蠻，虎視江湖。”句法亦本於《詩》。

　　這一則辯證中，有以下幾個重點需要掌握：

　　（1）“段氏若膺”所指為何人？

　　（2）《毛詩》指的是什麼書籍？

　　（3）“韋注”指的是什麼人的什麼書籍？

　　（4）“顧氏千里”所指為何人？

　　（5）“臧氏和貴”所指為何人？

　　（6）《正義》指的是什麼人的什麼書籍？

　　（7）“句法亦本於詩”指的是什麼意思？

　　（8）王念孫認為“蠻荊”應為“荊蠻”之誤倒的依據是什麼？

17.投石拔距（《漢書·傅常鄭甘陳段傳》）

　　“投石拔距,絕於等倫。”應劭曰：“投石，以石投人也；拔距，即下‘超踰羽林亭樓’是也。”張晏曰：“範蠡《兵法》：‘飛石重十二斤，為機發行三百步，延壽有力，能以手投之。’

拔距，超距也。”師古曰：“投石，應說是也。拔距者，有人連
坐，相把據地，距以爲堅而能拔取之。言其有手掣之力，超踰亭
樓，又言其趫捷耳。非拔距也。今人猶有拔介之戲，蓋拔距之遺
法。”念孫案：左思《吳都賦》：“袒裼徒搏拔距投石之部。”
劉逵曰：“拔距，謂兩人以手相案，能拔引之也。”師古之解“拔
距”，蓋本於此。今案：“投石拔距”者，“石”，擲也，“投
石”猶言“投擲”，“擿（擲）”亦“投”也，《廣雅》曰：“擿，
投也”，“石，擿也。”《賈子・連語篇》曰：“提石之者，猶
未肯止是也。”拔距，超距也，故下文即云“超踰亭樓”。《史
記・王翦傳》：“方投石超距。”徐廣曰：“超，一作拔。”應
劭以“拔距”爲“超踰”是也。距亦超也，超亦拔也。投石拔距，
投石超距，皆四字平列。《管子・輕重丁篇》：“戲笑超距”，
亦四字平列。應劭謂“投石”爲“以石投人”，劉逵謂“拔距”
爲“兩人以手相案，能拔引之”，皆非是。

這一則辯證中，有以下幾個重點需要掌握：

（1）“應劭曰”指的是什麼書籍？在文中的解釋正確嗎？

（2）“師古曰”指的是什麼書籍？在文中的解釋正確嗎？

（3）“劉逵曰”指的是什麼書籍？在文中的解釋正確嗎？

（4）“徐廣曰”指的是什麼書籍？在文中的解釋正確嗎

（5）將“投石拔距，絕於等倫。”譯成白話。

18.連語（《漢書・敘傳》）

凡連語之字，皆上下同義不可分訓。說者望文生義，往往穿
鑿而失其本指。如訓“流眄”則曰：“無有差次，不得流行。”
“撟虔”則曰：“矯稱上命，以貨賄用爲固。”或曰：“稱詐爲
矯，強取爲虔。”“奔踶”則曰：“乘之即奔，立則踶人。”“勞

俠”則曰："勞者，恤其勤勞俠者，以恩招俠。" "陵夷"則曰："若邱陵之漸平。" "儀錶"則曰："爲禮儀之表率。"或曰："有儀形可表明者。" "狙詐"則曰："狙伺也。" "囹圄"則曰："囹，獄也；圄，守也。" "提封"則曰："舉四封之內。" "無虧"則曰："大率無小計虧。" "辜榷"則曰："辜，固也；榷，專也。謂規固販鬻專略其利。"或曰："言己自專之，它人取者，輒有辜罪。" "揚榷"則曰："揚，舉也；榷，引也。舉而引之，陣其趣也。" "浸尋"則曰："尋，用也。"或曰："尋，就也。" "營惑"則曰："營謂回繞之也。" "感概"則曰：："感念局狹爲小節概。" "魁梧"則曰："梧者，言其可驚悟。" "魁岸"則曰："岸者，有廉棱如崖岸。" "留落"則曰："留，謂犀留；落，謂隕落。" "狼戾"則曰："狼性貪戾。" "奧渫"則曰："蔽奧渫汙，不章顯也。" "尉薦"則曰："安尉而薦達之。" "醞藉"則曰："醞，言如醞釀也；藉，有所薦藉也。" "驚鄂"則曰："鄂者，阻礙不依順。"凡若此者，皆取同義之字而強爲區別，求之愈深，失之愈遠，所謂大道以多岐亡羊者也。

這一則辯證中，有以下幾個重點需要掌握：

（1）王念孫此處所說的"連語"指的是什麼？

（2）"凡連語之字，皆上下同義不可分訓。說者望文生義，往往穿鑿而失其本指。"中的通假字爲何？

（3）將"凡若此者，皆取同義之字而強爲區別，求之愈深，失之愈遠，所謂大道以多岐亡羊者也。"譯成白話。

綜合練習

一、名詞解釋

1.《史記》三家注

2.漢代二鄭

3.王氏四種

4.《說文》四大家

5.大徐本、小徐本

6.《爾雅》

7.《方言》

8.《釋名》

二、閱讀下列各語段並回答問題

1・"此古離散其民隕失其國所常行者也。"念孫案：此文本作"此古之離散其民隕失其國者之常行也"。上文景公問曰："古者離散其民而隕失其國者其常行何若"，正與此文相應。且"常行"之"行"讀去聲，不讀平聲。今"古"下脫"之"字，"國"下脫"者"字，則文不成義。"之常行也"作"所常行者也"，則"行"字當讀平聲矣。《群書治要》作"此古之離其民隕其國者之常行也"。（《晏子春秋》）

解答以下問題：

（1）讀去聲的"行"為什麼詞性？表何義？讀平聲的"行"為什麼詞性？表何義？

（2）將"此古之離散其民而隕失其國者之常行也"譯成白話。

（3）將"此古之離散其民而隕失其國者之所常行也"譯成白話。

2. "魯連見辛垣衍，辛垣衍曰：'吾視居此圍城之中者皆有求于平原君者也。今吾視先生之玉貌，非有求于平原君者，易爲久居若圍城之中而不去也'。"鮑據上文及《史記·魯仲連傳》，改"若"爲"此"。吳云："'若'疑'居'字訛衍"。念孫案：鮑之改，吳之疑，皆非也。"若"猶"此"也。《隱四年·公羊傳》："公子翬恐若其言聞乎桓。"謂此其言也。《莊四年傳》"有明天子則襄公得爲若行乎？"謂此行也。《論語·公冶冶長篇》："君子哉！若人。"謂此人也。古字或兼數義，後人不能徧識或改之或刪之，而古義浸丄矣。（《戰國策》）

解答以下問題：

（1）"鮑據上文"中的"鮑"指誰？他是什麼朝代人？他有什麼著作傳世？

（2）"吳云：'"若"疑"居"字訛衍'。"中的"吳"指誰？他是什麼朝代人？他有什麼著作傳世？

（3）將"古字或兼數義，後人不能徧識或改之或刪之，而古義浸丄矣。"譯成白話。

　　3."因問廣食其失道狀，青欲上書報天子軍曲折。"《正義》曰："言委曲而行迴折，使軍後大將軍也。"念孫案："軍曲折"，軍上當有"失"字。廣食其軍與大將軍軍相失，故曰"失軍"。報失軍曲折者，報失軍之委曲情狀也。《漢書》作"失軍曲折"。師古曰："曲折，猶言委曲。"是也。《正義》謂"委曲而行迴折"，失其指矣。（《史記》）

　　解答以下問題：

（1）《正義》指的是什麼時代什麼人的什麼書籍？

（2）"師古曰"指的是什麼時代什麼人的什麼書籍？

（3）指出本段中的通假字現象。

（4）將"因問廣食其失道狀，青欲上書報天子失軍曲折。"譯成
　　　白話。

4.“濯淖污泥之中。”《索隱》曰：“濯，音濁；汙，音烏故反；泥，音奴計反。”念孫案：上言“洗濯”，下言“淖”，則文不相屬。“濯”字當讀直教反。“濯淖污泥”，四字同義。《說文》曰：“潘，淅米汁也。”又曰：“周謂潘曰泔。”又曰：“滫，久泔也。”《廣雅》曰：“濯，滫也。……士喪禮，溲濯棄於坎。”鄭注曰：“沐浴余潘水。”《釋文》：“濯，直孝反。喪大記，濡濯棄於坎。”皇侃疏曰：“濯，謂不淨之汁也。”《廣雅》曰：“淖，濁也。”是“濯”、“淖”皆汙濁之名。（《史記》）

解答以下問題：

（1）《索隱》指的是什麼時代什麼人的什麼書籍？

（2）“鄭注”指的是什麼時代什麼人的什麼書籍？

（3）《說文》指的是什麼書籍？

（4）“皇侃疏”指的是什麼時代什麼人的什麼書？

（5）簡述王念孫論證“‘濯’、‘淖’皆汙濁之名”的方法。

三、標點下列語段，並回答問題

1.因而數讓之索隱謂數設詞而讓之讓亦責也數音朔念孫案小司馬讀數爲頻數之數非也秦初不見儀至是始一見即責以數語而謝去之未嘗數責之也數讀如數之以王命之數高注秦策數讓也廣雅數讓責也數讓連文猶誅讓連文古人自有複語耳（《史記》）

回答下列問題：

（1）文中“小司馬”指誰？

（2）文中“高注”指什麼？

（3）文中“讀如”表什麼含義？

（4）王念孫認爲“數讓之”中的“數”爲何義？

2.將以爲有益於人邪則與無益於人也楊注曰與讀爲預本謂有益於人反預於無益人之論也念孫案楊說甚迂餘謂與讀爲舉舉通作與說見經義述聞禮運舉皆也言其說皆無益於人也（《荀子》）

回答下列問題：

（1）文中"楊注"指的是何人的什麼書？"楊注"的意見正確嗎？

（2）文中"讀爲"表什麼含義？

（3）文中提到了王引之撰寫的一部書籍，叫什麼？是一部什麼樣的書籍？

（4）將"將以爲有益於人邪則與無益於人也"譯成白話。

3.長楊賦木雍槍累以爲儲胥師古曰儲跱也胥須也以木擁槍及累繩連結以爲儲胥言有儲蓄以待所須也宋祁曰黃朝英雲漢武作儲胥館儲胥猶言皇居也念孫案儲胥猶言儲蓄也謂驅禽獸於陸中外則木擁槍累以爲儲蓄也儲胥迭韻字師古謂有儲蓄以待所須分儲胥爲二義已失之迂若黃說以胥爲宮館名則與以爲二字義不相屬其失甚矣（《漢書》）

回答下列問題：

（1）文中“師古曰”指的是何人的什麼書？“師古”的意見正確嗎？

（2）文中“宋祁曰”指的是何人的什麼書？“宋祁”的意見正確嗎？

（3）文中認爲：“儲胥”迭韻字。按照王念孫的意思，迭韻字在釋義上有什麼特點？

（4）將“木雍槍累以爲儲胥”譯成白話。

4.聖人無屈奇之服無瑰異之行高注曰屈短奇長也念孫案屈奇
猶瑰異耳周官闍人奇服怪民不入宮鄭注曰奇服衣非常屈奇之服即
奇服也司馬相如上林賦摧巍崛崎義與屈奇相近屈奇雙聲字似不當
爲兩義也（《淮南子》）

回答下列問題：

（1）文中“高注”指的是何人的什麼書？“楊注”的意見正確
嗎？

（2）文中“鄭注”指的是何人的什麼書？“鄭注”的意見正確
嗎？

（3）文中王念孫說“‘屈奇’，雙聲字，似不當爲兩義也。”這
是什麼意思？

（4）將“聖人無屈奇之服，無瑰異之行”譯成白話。

模擬試題（一）

一、名詞解釋：（每題 3 分，共 6 分）

1.四體二用

2.高郵王氏四種

二、選擇題：（每題 2 分，共 14 分）

1.下列各組中全是指事字的一組是（　　）。

　　A.朱、甘　　B.上、大　　C.本、自　　D.末、之

2.爾欲吳王我乎？”中的“吳王”屬於（　　）

　　A.名詞用做狀語　　B.名詞用如形容詞

　　C.名詞的使動用法　　D.名詞的意動用法

3.下列各句中沒有通假字的句子是（　　）。

　　A.五侯九伯，女實征之　　B.行李之往來，共其乏困

　　C.無令輿師陷入君地　　D.將免者以告，公令醫守之

4.“唯是風馬牛不相及也。”中的“唯”是（　　）詞。

　　A.連　　B.副　　C.語氣　　D.動

5.下列各句中沒有賓語前置的句子是（　　）。

　　A.爾貢包茅不入，無以縮酒，寡人是征　　B.豈不穀是為？

　　C.以是觀之，人謂子產不仁，吾不信也　　D.梁客辛垣衍安在？

6. "善則善矣，未可以戰也。"中的"則"表示（　　）。

　　A.假如　B.雖然　C.那麼　D.卻

7. "鄉鄰之生日蹙。"中的"日"可譯爲（　　）。

　　A.每天　B.往日　C.逐漸　D.日子

8. "舉世皆濁我獨清，眾人皆醉我獨醒，是以見放。"中的"見"（　　）。

　　A.表被動　B.引進動作的主動者　C.同"現"　D.表"看見"

三、填空題（每空 2 分，共 10 分）

1. "本無其字，依聲托事。"指的是"六書"中的＿＿＿＿＿＿＿。

2. "保民而王，莫之能禦也。"中的"之"是＿＿＿＿＿＿的用法。

3. "寡人其君是惡，其民何罪？"中的"是"是＿＿＿＿＿＿詞。

4. "今而後知君之犬馬畜伋"中的"犬馬"在句中做＿＿＿＿成分。

5, 《說文》四大家"段桂王朱"中的"朱"指的是＿＿＿＿＿＿。

四、解釋題（每題 2 分，共 20 分）

1.多行不義必自斃，子姑待之。

　斃：

2.不虞君之涉吾地也，何故？

　虞：

3.若之何其以病敗君之大事也？

　其：

4.左右以君賤之也，食以草具。

　草具：

5.子而思報父母之仇，其有敢不盡力者乎？

　　而：

6.公子與魏王博，而北境傳舉烽。

　　博：

7.臣及市井鼓）9 屠者，而公子親數存之。

　　存：

8.今王公貴人處於重屋之下，出則乘輿，風則襲裘，雨則禦蓋。

　　襲：

9.卒有盜賊之警，則相與恐懼訛言，不戰而走。

　　卒：

10.原莊宗之所以得天下，與其所以失之者，可以知之矣。

　　原：

五、閱讀下列語段並回答問題：（每小題 5 分，共 20 分）

　　"項王所過無不殘滅者，天下多怨，百姓不親附，特劫於威強耳."念孫案："強"讀"勉強"之"強"，"強"下當有"服"字，"劫於威"三字連讀，"強服"二字連讀，言"百姓非心服項王，特劫於威而強服耳"。下文云"今楚強以威王此三人，秦民莫愛也"，語意正與此同。今本脫去"服"字，則當以"威強"連讀，而讀"強"為"強弱"之"強"，非其指矣。《漢書》及《新序·善謀篇》"強"下皆有"服"字。顏師古曰："強音其兩反。"是其證。（《史記·淮陰侯列傳》）

回答下列問題：

（1）試指出文中的被動句式。

（2）試指出文中的名詞使動用法。

（3）試指出文中的通假字現象。

（4）試解釋文中的訓詁學術語"讀爲"及"某某反"。

六、標點翻譯題（每小題 15 分，共 30 分）

1.給下面的文言文加上標點。

屬吏憚其威墨者①自免去有勢家朱丹其門聞瑞至黝之中人②
監織造者為減輿從瑞銳意興革請浚吳淞白茆通流人海民賴其利

注：①墨者：指貪官。②中人：宦官。

2.將上面的文言文譯成白話。

模擬試題（二）

一、名詞解釋：（每小題 3 分，共 6 分）

1.《爾雅》和《廣雅》

2.大徐本和小徐本

二、選擇題（每題 2 分，共 16 分）

1.下列各組中全是會意字的一組是（　　）。

　　A.寇、寺　B.牧、夜　C.在、益　D.章、秉

2. "欲與大叔，臣請事與；若弗之，則請除之。無生民心。"中
　的 "生" 屬於（　　）。

　　A.動詞做狀語　B.動詞的為動用法

　　C.動詞的使動用法　D.動詞的意動用法

3.下列各句中含有通假字的句子是（　　）。

　　A.昭王之不復，君其問諸水濱。

　　B.韓厥夢子輿謂己曰： "且辟左右。"

　　C.當室者死，三年釋其政。

　　D.鬼侯有子而好，故入之于紂。

4. "是猶無魚而為魚罟也。"中的 "罟" 用的是（　　）。

　　A.本義　B.引申義　C.比喻義　D.假借義

5. "寇深矣，若之何？"中的"若"爲（　　）詞。

　　A.連　B.介　C.動　D.副

6. "狼速去！不然將杖殺汝。"中的"杖"應對譯爲（　　）。

　　A.手杖　B.像手杖似的　C.用手杖　D.刺或打

7. "事不目見耳聞，而臆斷其有無，可乎？"中"乎"的用法是
（　　）。

　　A.表詢問　B.表揣測　C.表反詰　D.表感歎

8. "夫趙強而燕弱，而君幸于趙王。"中的"於"（　　）。

　　A.表被動　B.引進動作的主動者　C.表原因　D.表處所

三、填空題（每空 2 分，共 12 分）

1. "建類一首，同意相授。"指的是"六書"中的_____。

2. 最早指出"省形"、"省聲"現象的是_____書。

3. 從音節角度來看，古代漢語詞彙以_____詞爲主體，

4. 詞義引申的規律是：從具體到抽象以及_____。

5. 《史記》三家注指的是裴駰的《史記集解》、司馬貞的《史記
索隱》和_____的_____。

四、解釋題（每題 2 分，共 20 分）

1. 愛共叔段，欲立之，亟請于武公。

　　亟：

2. 楚子使屈完如師。

　　如：

3. 不介馬而馳之。

　　介：

4.於是乘其車，揭其劍，過其友。

　　揭：

5.即有所取者，是商賈也？

　　即：

6.君子疾夫舍曰"欲之"而必爲之辭。

　　疾：

7.如其禮樂，以俟君子。

　　如：

8.明足以察秋毫之末，而不見輿薪。

　　明：

9.權，然後知輕重。

　　權：

10.惟天爲大，惟堯則之。

　　則：

五、閱讀下列語段並回答問題：（每題 4 分，共 16 分）

　　"魏爲逢澤之遇乘夏車，稱夏王，朝爲天子，天下皆從。"念孫案："爲"與"於"同。謂"魏惠王朝于天子而天下皆從也"。《秦策》又曰："梁君驅十二諸侯，以朝天子于孟津。"《齊策》曰："魏王從十二諸侯朝天子。"皆其證也。鮑讀"朝"爲"朝夕"之"朝"，而於"朝"上增一字，謂"魏王一朝爲天子而天下皆從"，其失甚矣。吳讀"朝"爲"朝聘"之"朝"，是也。而云"爲"字疑衍，則未知"於"、"爲"之通用也。（《戰國策·秦策》）

　　回答下列問題：

（1）按王念孫意思，“朝爲天子”作何解釋？“朝”該讀作什麼音？

（2）指出文中動詞的使動用法。

（3）“鮑讀‘朝’爲‘朝夕’之‘朝’”中，“鮑”所指爲什麼時代的什麼人，在什麼書中有此說？“讀……爲……”表什麼意思？

（4）“吳讀‘朝’爲‘朝聘’之‘朝’”中，“吳”所指爲什麼時代的什麼人，在什麼書中有此說？王念孫認爲，“吳”也存在失誤，失誤在哪里？

六、標點翻譯題（每小題 15 分，共 30 分）

1.給下面的文言文加上標點。

　　閩俗信鬼多淫祠黠者斂錢民間輒數十萬尚書檄諸州縣毀之離省治八百裏有山奉五顯神廟貌壯麗甲閩中一日野火自起燼無寸椽火熄而檄適至

2.將上面的文言文譯成白話文。